地方自治制度
“再編論議”の深層

～ジャーナリストが分析する～

監修
木佐　茂男（九州大学教授）

著者
青山　彰久（読売新聞編集委員）
国分　高史（朝日新聞論説委員）

公人の友社

目次

はしがき

本書は、２０１１年度から3年間で行われる独立行政法人日本学術振興会の科研費・基盤研究（A）「地方自治法制のパラダイム転換」研究会（代表・木佐茂男）メンバーが発表し続けている業績の一部である。研究会には、アジアの４つの国・地域から計42人の研究者・行政実務家・ジャーナリスト・議会議員が参加して、年に３回程度の全体研究会や３つの研究グループごとの研究会などを精力的に行っている。本書は、遂行中の研究活動のうち、研究成果の迅速な発表が好ましいテーマについて、できる限り簡明に記述し、研究会での報告・検討も踏まえて刊行するものである。急激に動く政治の現状を報告し、広く日本社会において進行している地方自治の諸課題、とりわけ、大都市改革問題や、道州制とも関わりを持つ国の出先機関再編問題・広域行政問題を扱う第1冊目を刊行することとなった。

本研究会は、現在進行中の地方分権改革（地域主権改革）の中で欠落している視点や考え方を見極めた上で、「実証研究」「理論研究」「国際比較研究」の三本柱を通じて、地方自治法制をめぐる研究方法・研究水準の刷新を図ろうとするものである。そして、それらをベースに、地方自治法制のあり方を根底から検討し直し、「地方自治法制のパラダイム転換」を実現することが本研究の最終目的である。

もともと本研究の学術的背景としては、２０００年の地方分権一括法施行に結実した「第1次分権改革」および現在も進行中の「第2期の分権改革」（地域主権改革）の動向があり、これに関連して生み出されている地方自治法制をめぐる膨大な学術論考の存在がある。結論的に言えば、われわれは、こうした現実の地方自治法制をめぐる改革動向に関してある種の危うさや不満を感じると同時に、それに対して有効な対抗的議論を提示しきれていない学界の現状に焦りを感じている。

本研究チームの子細な研究計画をここで披露する必要はないと考えるが、この２０１２年に入ってからも、めまぐるしいほどに将来の国内の統治体制に影響甚大な政策課題が次々と論じられ、それは都市圏域の広域化・独自化に向かっている。他方で、それとは論理のレベルが異なる「住民が現に居住していない自治体」という問題がある。さらには、アジアでは国際的生存競争の中で巨大都市圏域づくりが目につく。同時に、ヨーロッパも経済危機が生じているが、その中で意外な事実にもぶつかる。具体的にいえば、ヨーロッパの中で、現在、政治的・経済的にもっとも強固な基盤を持っているのが超小規模自治体と超分散型統治システムをもつドイツとスイスである。アジアでの大都市圏域化と、ヨーロッパの経済的強国の「小さな自治体」を基礎とするシステムを、長期的にどのように評価するのか。これは、まさに、地方自治法制のパラダイムのあり方にかかわる問題である。

３年間の研究成果は、各メンバーによる学術雑誌や単行本の形での発表を予定しているが、何がどう動いているのか、例えば日々の新聞報道などでは全体的な動向を把握できない、という現実を考慮して、第1冊目は日本を代表する新聞社の論説委員や編集委員に、研究会での報告をベースにしつつ、その後の動向をも踏まえて、急ぎ執筆いただいたものである。執筆者のお二人とも、本研究会の正式なメンバーである。

研究者は、日々変遷し、進行する政治的な地方自治法制・地方自治の現実を簡単にはフォローできない。このことは、一般市民や自治体関係者、より具体的には、自治体の幹部職員・一般職員・議員にあっても同様であろう。

第一次分権改革の時代には多数の書籍・論稿により逐一、分権論議・地方自治論議が江湖に広められた。だが、現在では激動が続くにもかかわらず、まとまった現状認識のための資料がない。本書が、現状の報告として一定の役割を果たすことを願うものである。

本書の編集過程について若干の説明をしておきたい。ジャーナリストお二人の報告は、２０１２年2月18・19日に東京都内で開催された本研究会の全体研究会における報告を整理したものであり、その後、半年近い間に政治過程にかなり動きがあった。そこでお二人に別稿で補論を書いていただくとともに、それらをベースに大学研究者が現在の地方自治動向について何らかの位置づけ・評価をすることが好ましいというお二人のお申し出を受け、改めて同年８月８日に東京都内に都合のついた研究者が４名集まって座談会を開催した。座談会はその時点までの諸事情が反映されている。その後、本書で幾度か言及される大阪都構想などを反映した新大都市制度を定める法律として、「大都市地域における特別区の設置に関する法律」が２０１２年９月５日に法律第80号として公布された。

なお、本書では、ジャーナリストと法学研究者が使う用語の違いもあり、「手続」と「手続き」の併存など執筆者・発言者の職業上の表現方法の差異はそのままにした。

また、質疑や座談会で言及される固有名詞は、質疑等の雰囲気を残すという観点からも、敬称が必ずしも一定しておらず、また呼び捨ての場合があるが、ご宥恕願いたい。

２０１２年９月

「地方自治法制のパラダイム転換」研究会代表
木佐　茂男

（本書は、独立行政法人日本学術振興会平成23～25年度科学研究費（基盤研究（A））「地方自治法制のパラダイム転換」（研究課題番号：23243006）（代表・木佐茂男）の研究成果の一部である）

大阪都構想・府県大都市制度問題

青山彰久（読売新聞編集委員）

大阪と堺の2つの政令指定都市を廃止・解体して府に統合する「大阪都構想」が具体的に動き出したのは、大阪府知事と大阪市長のダブル選挙（2011年11月）の終了後からだった。この選挙はいうまでもなく、橋下徹氏と地域政党「大阪維新の会」が仕掛けたものである。そして、この構想は日本の地方制度改革の中で長らく積み残されてきた府県と大都市の制度問題にも刺激を与えた。一連の問題をどのように考えればいいのだろうか。大阪ダブル選挙の結果をどうみるか、大阪都構想は大阪のローカルな問題なのかナショナルな問題なのか、基礎自治体と広域自治体と住民自治の関係をどう考えるか、ポピュリズム型政治の台頭、地方自治とポピュリズム型政治の関係、マスメディアの責任、というテーマから考えてみたい。

1　大阪ダブル選挙と大阪都構想

(1) 従来の分権改革論の敗北

まず、大阪ダブル選挙とは何だったのかを考えてみたい。率直に言えば、東京在住の私には、大変ショックな選挙だった。従来の地方分権改革を支えてきた論理が敗北したのではないかという印象さえ受けたからだった。

投票日の2日前に大阪に行って、街頭での演説に耳を傾けた。大阪府知事選に立候補して、結果として約200万票対約120万票で敗れた前大阪府池田市長の倉田薫氏は、次のように語りかけていた。

「どうもおかしい。国があって府があって市がある。地方分権と言いながら、上下主従がなくならない。府に行っても『だめですよ、文部科学省がこういっていますよ、国土交通省がこういっていますよ』と。府庁が上から目線でかさぶたの役割をしてしまう。保育所行政をもっと進めたいと思っても、府は『よしわかった、市民の心を、あなたたちと一緒になって厚生労働省に届けましょう』という姿勢にはならない。（……）原点に戻りましょう。市民が主役です。市民を支える市役所を府が下から支えていく。人的な支援、技術的な支援、財政支援を行なうのが府の役割です。府が市民のために頑張ってくれたら、その府を日本の政府が下支えをする。こういうふうに『自治のピラミッド』を逆にしませんか」

地下鉄の江坂駅前で聞いた倉田氏の演説は、「自治のピラミッドを逆にしていきたい」という言葉を使い、住民の暮らしを基点に下から上へという補完性の原理をベースにした正統的で骨太な自治分権論だった。しかし、倉田氏は、橋下徹氏とペアになって大阪都構想の導入を主張した松井一郎氏に大差で敗れた。この主張が多くの府民に通じなかったのかと考えざるを得ないのである。

次は、大阪市長選で敗北した現職市長の平松邦夫氏の演説である。これはＪＲ玉造駅前で聞いたものだ。

「大阪都構想が何をしたいのか、結局、わかりません。大阪市をなくすとおっしゃる方が私をリードしているという。信じられない。この４年間、『一緒にやりまひょ』とやってきた。大きな災害を受けた日本の社会が必要としているのは、分かち合い、支えあいではないですか。大阪市、乗っ取られまっせ。これでええんですか。こんなん許したら大阪市民の恥でっせ」

平松氏は、東日本大震災を引き合いに出して「日本の社会が必要としているのは分かち合い、支え合いではないか、大阪市は乗っ取られまっせ、これでいいんですか」と言った。「勝ち組」「負け組」をつくるような冷たい社会とは一線を画した大阪をつくろうという呼びかけだったといってもいいだろう。だが、この平松氏の訴えも、倉田氏と同様、市民の心に響かなかったということである。

なぜなのかと考え込んだ。そこで思い至ったのは、地方分権を目指したこれまでの制度改革運動は人々を巻き込んでこなかったからではなかったか、「自治体関係者」という狭い世界に閉じこもっていたからではなかったか、ということである。府県と市町村は、制度改革を求める運動を展開しながらも、実際には「人々が参加して人々から信頼される地方政府」になるという実感を多くの人々に与えてこなかったのではないか。そもそも、基礎自治体と地域を「人々にとって手が届く公共空間」ととらえ、公共サービスを人々の参加でつくる過程ができていたのだろうか。そのような疑問である。

分権に向けた制度改革運動はこれまで、行政学者が言う「政策コミュニティ」といっていいのかもしれないが、いわゆる自治体関係者という狭い世界に閉じこもって、その小さな世界だけでしか理解できないような言葉だけで語り、多くの人々を巻き込む幅の広い運動になっていなかった。この選挙はそのことのあらわれなのではないか。府県も市町村も人々がつくる信頼される政府になりきれず、基礎自治体も「地域とは人々にとって手が届く公共空間だ」と人々が実感できるような取り組みをしきれていなかったのではないか。これが、あのダブル選挙の結果をみて、まず考え込んだことだ。

（2）橋下・松井の勝利は「大阪都構想の同意」なのか

次に、大阪市長になった橋下徹氏と府知事になった松井一郎氏の勝利は何を意味するのかという点である。当選者と次点の得票をみれば、市長選が約70万票と50万票であり、知事選が約200万票と120万票だから、間違いなく圧勝型選挙である。だから、両氏は、「この選挙で大阪都構想は住民に同意された」と説明した。しかし、本当にそうなのか。もう一つの見方は、この選挙結果は、「沈滞を続けている大阪をこの人たちなら何とかしてくれる」という漠然とした住民の期待感のあらわれにすぎないというものである。住民は「大阪都構想に同意した」というよりも「大阪都構想を検討してみていい」という段階にすぎないといってもよい。

例えば、投票日当日に読売新聞が投票所で実施した出口調査結果によれば、「大阪都構想に賛成」は47％、「反対」は25％、「よくわからない」が26％だった。たしかに「賛成」は多いが、全体としてみれば、大阪都構想の支持者は過半数には達していなかった。もちろん、大阪都構想の賛成者の約9割は橋下氏を支持し、反対者の約9割は平松支持者で、この点をみる限りでは大阪都構想の賛成・反対と橋下氏に対する支持・不支持の構造ははっきりしている。しかし、全体としてみれば、大阪都構想に対する支持は過半数に達していなかった。また、投票日の1週間前に府域全体で行った読売新聞の世論調査では、「今度の選挙で何を重視しますか」と9つの選択肢を挙げて聞いたところ、「大阪都構想」は9番目にすぎなかった。この調査では上位になった政策課題は医療や福祉や教育だった。大阪都構想とは政策を実現する手段ということができるので、選挙の争点としては下位になるのも仕方がない面はあるが、それにしても、あれだけ「大阪都構想は是か非か」とマスメディアが提起し続けたわりには、多くの住民は大阪都構想の是非で投票したわけではなかったということができる。

あの熱狂的な選挙は、大阪都構想の詳しい内容が明らかにされたうえで行われたわけではなかった。そう考えると、やはり、「この人なら大阪を何とかしてくれる」という漠然とした期待感が爆発した結果にすぎなかったとみることができる。

そもそも、選挙戦にいたるまでの長い論戦の中では、大阪都構想を説明する言葉の表現にも曖昧さがあった。大阪都とは「府と市を統合する」と表現されることが多かったのだが、正確に言えば、「大阪市と堺市の廃止と解体」、または「大阪府による大阪市と堺市の吸収合併」と表記するのが正しかったのだろう。この点を曖昧にしたままに選挙をした結果、「大阪市と堺市を廃止・解体しますよ」「府に吸収しますよ」と有権者に明確に問うたのかどうかがはっきりしないといってもよい。実際、選挙後の今年2月4日、堺市長の竹山修身氏が「大阪都構想不参加宣言」をしたのは、その曖昧さがもたらした現象だろう。竹山市長は、「堺市としては、分解されて府に吸収されるのではなく、今の市のかたちとして一体的に発展させることが市民のおもいだ」と発言した。これに対して、大阪市長になった橋下徹氏は、府知事選で自分と同じように大阪都構想を掲げた松井一郎氏を当選させた堺市民の民意を無視していいのかと批判した。だが、結局、水掛け論になった。

大阪ダブル選挙とは、戦後、長らく対立することが多かった大阪府知事と大阪市長の関係を変え、両首長を初めて同じ政党に属する政治家にして、「不幸せ（府市あわせ）」といわれた大阪府と大阪市が連携しやすくする結果にしたのは間違いない。しかし、肝心の大阪都構想の是非を府民が決めた選挙だったと言い切るには、あまりにも心もとない。

（3）大阪都構想に前のめりになる与野党

大阪都構想は、制度としてはいまだにデッサンの域を出ていない。これから問われるのが詳細な制度設計であろう。現在の行政区を特別自治区にするための区割りをどうするか、中核市並みの権限を与えるという特別自治区への事務配分を具体的にどうするか、特別自治区の間の財政調整をどうするか、導入のための手続きや住民投票をどう考えるかなど、制度の根幹になる課題は山積している。2月16日に地方制度調査会が橋下大阪市長からヒアリングをした際、様々なアイデアを披露した市長に対して、西尾勝会長は「大阪都構想というのは日々刻々と進化しているのか」と皮肉を込めて発言し、大阪府と大阪市が考える具体的な制度設計案を早く示すよう促したのは印象的だった。

ところが、こうした情勢とは逆に、大阪都構想を実現するための法制度整備に与野党が前のめりになっている。まず、みんなの党が大阪都の導入に向けた「地方自治法改正案」を出した。続いて自民党も大阪都の実現を可能にする「地方自治法改正案骨子」を出した。これらは、大阪都を制度としてどう設計するかという制度論ではなく、大阪都が制度としてできた場合に向けた導入論・手続き論にすぎない。与党の民主党は、前原誠司政調会長が、大阪ダブル選挙が終わった直後、「(地方分権改革は) 基礎自治体優先 (の制度を目指す) と言ってきた民主党政権にとってみると違和感がある」と発言していたのだが、昨年12月になって「橋下氏の説明を受けて方向性は一緒だと思った。与党として協力できることはしたい」と転換した。党内で地方分権改革を担当している議員らも「よく考えられている」などと言っている。

本当にそう思っているのか、政治的にそう思うことにしたのか判然としない。いずれにしても、与野党とも、大都市制度をどうするかという問題より、次期衆院選をにらんだ政治的な思惑が先行しているとみていいだろう。橋下氏は大阪ダブル選挙を契機に、地域政党「大阪維新の会」の国政進出も示唆している。各党とも、政治的に存在感を増した橋下氏との連携を考えたり対立だけは避けたいと思ったりしているのである。

通常国会では、議員提案のかたちで大阪都構想の導入法案が出てくる可能性がある。その場合、施行時までにさらに追加して法改正をするということがあるかもしれない。その場合でも、こうした新しい大都市制度の創設をめぐって中央政府がどこまでどのように関与するのかという大きな問題がある。この点は後で問題提起したい。

2　ローカルな問題か、ナショナルな問題か

(1) 大阪都構想を生んだ3つの特殊性

大阪都構想は、ローカルな大阪問題か、全国的な大都市制度問題かという論点がある。たしかに、この構想が生まれた背景にある大阪の特殊な事情について、少なくとも3つぐらいをあげることができる。

まず、大阪経済の地盤沈下だ。地域内総生産額を2005年と1990年とで比べてみると、東京都が13％増、名古屋市が12％増、愛知県が9％増、横浜市が3％増なのに対し、大阪府と大

阪市はともに5%減になっている。また、従業員数を2006年と1986年とで比較すると、横浜市が19・1%増、愛知県が15・3%増、神奈川県が12・7%増、東京都が9・4%増なのに対し、大阪府は3・4%減、大阪市は11・3%減になっている。いずれも大阪だけが縮小しているのである。こうした実態を強調する大阪都構想では、「府市を統合して大阪の経済成長戦略を」と唱えているわけだ。

ただし、ここで考えなければならないのは、大阪の問題とは経済の低迷だけなのかという疑問である。貧困と格差の問題を忘れてはいないだろうか。2008年の生活保護率を見ると、全国平均が12・5‰なのに対して大阪府は26・4‰、大阪市は44・4‰に達している。これは東京都(16・1‰)や横浜市(12・8‰)や名古屋市(13・2‰)に比べてきわめて高い。また、刑法犯の件数も高止まりしたままである。これらの問題は経済さえ拡大すれば解決するわけではない。大阪都構想で気になるのは、経済さえ拡大すればハッピーだと思われて経済成長だけが論じられがちで、貧困と格差の問題に対する政策が薄いことだ。

大阪の特殊事情の二つ目には、大阪府は全国で2番目に面積が小さく、府域全体が大都市地域といってもいい状態になっていることがある。人口集中地区（DID）の統計をみると、大阪府は府域の47・5%が人口集中地区だ。府県面積に占める人口集中地区の割合は、愛知県では17・5%にとどまり、兵庫県や京都府になると5~6%にすぎない。つまり、大阪以外の府県では、府県域の中に大都市もあるけれど、それ以上に農山村地域も広がっていて、府県庁の役割が大きいということを意味している。この点が大阪と決定的に違う点であろう。

特殊事情の三つ目は、これと関連しているが、もともと、大阪は大都市制度をめぐる論争が続いてきた地だったということである。戦後に限っても、１９５３年には府市を統合して一つの特別地方公共団体にする「大阪産業都」を府議会が決議したことがある。１９５５年には府と全市町村の権限を原則集約する自治体をつくって府内に自治区を置くという「大阪商工都」の構想を府の地方自治研究会が提言したことがある。最近では２００４年に、大阪府を大阪市と全市町村による広域連合とする「大阪新都構想」が提言されている。このように、何度も構想が出されてきたのには、全国で二番目に小さな府域に大都市・大阪があり、その府全体が関西の中核である大阪大都市圏となっているという大阪固有の事情があるからだとみなければならない。

（2）大都市制度をめぐる3つの潮流

しかし、目を転じてみると、大阪都構想の背景には、大阪の特殊事情にとどまらない三つの潮流があると思われる。第一は、１９５０年代から続いている都市への人口流入の結果、大阪にとどまらず、大都市自治体優位の思想が各地に出てきていることである。ただし、よく考えてみると、日本の現在の大都市は、農山村・離島から中都市へ、中都市から地域の中核都市へ、中核都市から三大都市圏へと、どんどん人口が収奪された結果としてできていることを忘れてはならないだろう。日本全体の地方制度を考えた場合、人口を収奪された農山漁村に対する眼差しを忘れたまま大都市自治体優位の思想だけでいいのかどうか。このことが大変気になっている。

第二の潮流は、大都市優位の思想が生まれる要因には、1990年代以降に拡大した東京一極集中に対する苛立ちがあるということである。東京圏だけに富が集中する国土構造でいいのかという大阪都構想の問題提起は、他の大都市圏にも多かれ少なかれあり、それが他地域の大都市制度改革論を刺激している。もっとも、橋下氏らは、さらにグローバリズムの進展を強調しながら、「世界経済をコントロールするような世界都市を目指すことがこれからの大都市だ」というかつての世界都市論を根拠に、やや飛躍気味の主張をしている。

第三の潮流は、多様な制度を容認する地方分権改革の流れである。大阪独自の大都市制度を認めよという主張にしても、大阪に刺激されて改めて政令指定都市の市長会が唱えている「特別自治市構想」にしても、地方分権改革運動が画一性より多様性を促してきたことの論理的な帰結とみることができる。地域の事情に合わせた大都市制度の構想に対して、それはだめだという話にはならないわけだ。ただし､完全に地方が自由に考える制度ということにはなりきれない。結局、地方制度としてどの程度まで多様性を容認するかという問題や、多様な地方制度を容認する場合でも中央政府がどこまで関与するかという問題をはらむことになる。

(3) 大阪維新の会の主張の核心

ところで、大阪維新の会の主張について考えると、大阪再生という政策の実現が本当に目的なのかどうか疑問を感ずることがある。府と市が政策協調をすることは極めて重要であることは誰も否定しない。しかも、先にもふれたように、大阪ダブル選挙の結果、すでに大阪の歴史で初めて府知事と大阪市長が同じ政党に属すというかたちが実現して、府市の間で一定程度の連携が実現しつつある。橋下氏らは「人の問題ではなく（府市の連携を）制度にしなければならない」と主張しているのだが、その制度を考える場合であっても、いきなり「大阪都」に進まなくても府と市の連携を共同条例で規定して法定化する選択肢もあるのではないか。府市が連携した政策の実現だけを求めるなら、都区制度という大きな制度改革までは不要ではないかという見方ができるのではないか。

そうだとすると、大阪維新の会の主張の核心部分は、大阪都構想そのものというよりも、構想の底流にある地方政治の考え方にあるように思われてくる。大都市政治のシステムを改革するのだという橋下氏らの主張を分析する必要がある。

その主張は、少なくとも三つにまとめることができる。第一は、生活重視より経済成長優先の思想。第二は効率重視型の自治行政。第三は、強力な指導者による政治であろう。

経済成長優先の思想とは、儲けられる人々がどんどん儲けて経済を成長させることができれば、それによって増えていく富が、水がめにたまった水があふれて下に滴り落ちるようにして、周辺地域や低所得者層にも広がっていくという考え方である。これはトリックル・ダウン（trickle down）型の経済思想ともいわれる。しかし、この考え方をめぐっては、かつての高度成長時代の経済システムのようには動かず、生まれた富は周辺地域や低所得者層にまわることなく国境を越えて有利な投資先に回るだけではないか、という批判がある。それよりも、安心して暮らしていける地域を足元からつくることのほうが必要ではないかという考え方がある。富が上から滴り落ちるのではなく下から泉が湧くように豊かさをつくっていく経済思想、トリックル・ダウン型ではなくファウンテン（fountain）型の経済思想を求める考え方が、対抗軸として出てくるだろう。

二つ目の効率重視型の自治行政論についていえば、非効率で無駄の多い行政を望む人は誰もいない以上、当然の主張だと考える人々は少なくない。ただし、この主張は単純に公共サービスを縮小していけばいいのだということになりかねない。気がつけば、強い者が強い者として生きるようになるだけの「小さな政府論」に陥る可能性があるともいえる。

三つ目の強力な指導者政治論は、「決められない政治」といわれる現在の政治不信の空気と裏腹の関係にあるのは間違いない。だが、この主張がやがて既存の政党政治の否定につながり、声の大きなものにすべてを託すような政治になりかねない。その意味でいえば、戦後の自治運動が掲げてきた市民社会型の地方分権論が揺らぐことになるのではないか。

このように考えてくると、大阪都構想はローカルな問題でありながら、ナショナルな問題を含んでいるとみることができる。その切り口は、大都市の基礎自治体と広域自治体のあり方、住民自治のあり方、ポピュリズム型の政治手法、そしてマスメディアのあり方という四つぐらいまとめられるのではないだろうか。

3　基礎自治体、広域自治体、住民自治

(1) 大都市自治体が府県から独立する——特別自治市構想

大都市制度を構想する場合、流れは二つある。一つは、大阪都構想のような「都区制度」であり、もう一つは現在の政令指定都市を府県と同格の自治体に昇格・独立させる「特別自治市制度」である。指定都市市長会が求めている特別自治市は大都市自治体を府県から独立させることであるのに対して、都区制度は府県が大都市自治体を吸収することになる。したがって、二つの考え方は正反対の制度構想ということができる。

特別自治市構想にはいくつかの論点がある。政令指定都市は今春に熊本市が仲間入りすることになるので20市になるが、西尾勝・地方制度調査会長の表現をそのまま借りれば、「すべての政令指定市を独立させて府県と同格にするとなると、47プラス20、日本には67の広域自治体ができるという体制になる」ということになる。つまり、日本の地方制度を根本から変える大きな制度改革に発展することになるわけだ。

二つ目の論点は、府県が担っている「地域内所得再分配機能」を否定するのかどうか。政令指

定都市には現在、特別な大都市税制度があるわけではない。政令指定都市の市域で生まれる法人関係税・住民税は道府県が吸い上げ、その相当部分は政令指定都市に使うのではなく政令指定都市以外の市町村に公共サービスを通じて分配している。つまり、地方交付税制度が国全体で地域間の財源再分配を担っているのと並行して、府県も地域内で一定程度の財源再分配機能を担っているわけだ。特別自治市制度はこの機能を否定してしまうという問題を惹起する。

(2) 府県が大都市自治体を吸収する——都区制度構想

都区制度構想のほうは、府県制度の枠内で行われるため、日本の地方制度全体の変革ということにはならず、地域内の財源再分配機能も損なわれることはない。しかし、問題は歴史ある大都市自治体を解体していいかということにある。東京の場合は、戦時中の１９４３年（昭和18年）、首都の防空体制を強化するという名目で、東京府が東京市を解体・吸収して東京都を誕生させた。戦時中でもないいま、それと同じことをするのかという問題が都区制度の根幹につきまとっているのである。

もっとも、従来の大都市の一体性という概念はもはや幻想だという主張はある。市街地が拡大し続けた結果、東京23区の区域だけが「東京」とはもはやいえなくなったのと同じように、大阪の場合も現在の大阪市内だけがもはや大阪という大都市とはいえなくなったというのである。したがって、従来の大都市自治体の枠組をもう一回洗い直さなければならないのはたしかだろう。

（3）住民自治はどこへ

どちらの構想にしても、それが人々にとって何の意味があるのかということが最も重要だろう。つまり、住民自治はどこへ行くのかという問題である。

特別自治市にした場合、現在の特別自治市構想でいう行政区には、公選の首長も公選の議会もない。住民にとって地方政府が遠い。横浜市を例に挙げれば、３７０万人というニュージーランドとほぼ同じ人口をもっているのに公選首長は1人しかいないというのは異常な状態である。特別自治市構想は、それに対する回答がない。せいぜい「行政区に地域協議会を設置する」という構想にとどまっている。

都区制度のほうは、たしかに、いまのような行政区とは違って、公選首長と公選議会を置く特別区を置くことになる。ただし、東京23区のような特別区では、一般市町村よりも権限が小さいという致命的な問題がある。

大阪都構想の場合、橋下徹氏は「大阪都構想は東京都の都区制度をまねするのではなく、『新しい広域自治体』と『新しい区』をつくるのだ」と説明している。つまり、東京23区よりも強い中核市並みの権限を備えた「特別自治区」をつくり、そこに公選首長と公選議会を置くと言っている。これは東京都制に対する批判をうまくかわそうとする説明といってもいいだろう。しかし、問題は、都と特別自治区の間でどのような事務配分になるのか。どの区でも配分された事務が十分に行えるようにする財政調整制度が本当に構築できるのか、当然コストが増えるわけだからそこをどうするのか、にある。現在の行政区を安易に合併したり、十分な財源もない「安上がり特別自治区」になったりしないだろうか。そもそも、中核市並み特別自治区なるものができるのかどうかわからない。その意味からも、大阪都構想はまだ「言いっぱなしの状況」にあるといえる。

このように、たしかに都区制度には様々な課題がある。ただし、大都市自治体の中に、いまの行政区とは違って、公選首長・公選議会を備えた区を設置するという主張は非常に重要な問題提起である。大都市内の地方政府を人々にもっと近づけることになるからだ。この問題提起だけは避けて通るわけにはいかないのではないかと思う。

(4) 第三の選択肢

そう考えると、第三の選択肢も考えられる。府県はそのままにして、大都市内の行政区・特別区を憲法上の基礎自治体にする、という構想である。大阪でいえば、大阪府は府のままにして、各行政区を憲法上の基礎自治体、「普通地方公共団体」にするだけでよいということになる。東京都についていえば、都はかつての東京府に戻って、23区はそれぞれ一般市町村と同じような完全な普通地方公共団体にするということになる。

東京では　1976年（昭和51年）5月に、「都区制研究会」という名前の研究会組織が「都政改革討議のための提言」を出し、そこで23区を憲法上の基礎自治体に改革するよう提言したことがある。これは前年の1975年（昭和50年）に23区で公選首長制が復活したのを契機に、様々な都政改革を提言したものである。メンバーは、松下圭一、篠原一、西尾勝、神原勝、菅原良長という5人の研究者だった。歴史的に見ても価値のあるペーパーで、その問題提起は今も生きている。

（5）住民投票の方法

大阪都構想を含めてこれから新しい大都市制度をつくる場合、もう一つの問題は導入のための手続きをどう考えるかだろう。市町村合併でいう「自治体の廃置分合」に関する制度を使うとすれば、市町村議会や府県議会の議決で済ませることができる。しかし、それでいいのかという疑問がある。住民投票が不可欠ではないか。住民投票にかけるテーマをどう選定するかをめぐっては様々な議論があるのは承知しているが、大都市制度に関する限り、それが自治体のかたちの変更にかかわる問題であって、地域の自治にとっては根本的な問題になるのだから、その是非は住民投票で決定する手続きを不可欠とすべきではないか。

住民投票をする場合の方法も論点になろう。例えば、大阪都の創設に関する住民投票の場合は、単に府域全体で住民投票をして済ませていいか。しかし、そうではなく、解体される大阪市と堺市の住民投票を最優先にし、そこで過半数の賛成が得られた段階で府民全体の住民投票に進むという考え方があるのではないか。とにかく、自治体のかたちを変える問題、自治体の消滅にかかわる問題は、住民自身が決めなければならない。

(6) 中央政府の関与

最後に、大都市の制度改革について中央政府はどこまで関与するかという論点がある。法律に違反しない限りで地方の現場の自由に委ねるべきだという主張はともかくとして、憲法が要求する民主政治の基盤は保障されるのか、住民に安定的な公共サービスが提供できるのか、そのための事務配分や財政調整制度がうまく機能するか、などの観点から詳細な制度設計に関与するという考え方もある。また、中央政府側がいくつかの類型を設定して、その中から地方に選択させるという考え方もある。地方分権改革は「画一性から多様性を」とうたってきたが、地方分権の論理の中で中央政府がどう関与するかという課題は大きな問題だろう。

4　ポピュリズム型政治の台頭

(1) 現代のポピュリズム

大阪都の制度内容そのものとは別に、この政策を推進する橋下徹氏の政治手法をどう見るかというのも、この問題の大きな論点だろう。ポピュリズム型政治ではないかという批判がある。ポピュリズムとは何かをめぐっては、多くの研究者に教示いただきたいのだが、ロンドン大名誉教授のバーナード・クリック氏が「ポピュリズム」を次のように定義しており、私にとっては大変興味深い指摘に思えてならない。

「(ポピュリズムとは)ポピュリズムの指導者が多数派だと信じる集団を決起させることを目的とする政治とレトリックのスタイル。その多数派とは、『自分たちはいま、政治的統合体の外部に追いやられ、教養ある支配層から蔑視され、みくびられている、これまでもずっとそのように扱われてきた、これからもずっとそのように扱われるだろう、と考えている人々』をいう」

クリック教授によると、ポピュリズムとは、「ポピュリズムの指導者が多数派だと信じる集団を決起させることを目的とする政治とレトリックのスタイル」である。では、その多数派とは誰か。「自分たちは政治的統合体の外部に追いやられ、教養ある支配層から蔑視され、みくびられている、これまでもずっとそのように扱われてきたし、これからもずっとそのように扱われるだろうと考えている人々」だという。この指摘は、政治参加の機会がなく様々な政策決定の過程から疎外されて不満を募らせている人たちが過半数に達してくると、部屋の中に気化した可燃性ガスが充満している時にうっかりマッチをするとぱっと引火するように、ポピュリズム型政治が一気に表面化する、と解釈することができる。これは非常に含蓄に富む言葉だと思う。

立命館大学の村上弘教授は、ポピュリズム型政治を「ばらまき型」と「攻撃型」の二つに分けて、現代のポピュリズムの多くは「攻撃型」ではないかと指摘している。村上教授によれば、攻撃型ポピュリズムの特徴は、「人々の利益のために」を掲げて「敵」(既得権者)と戦うストーリーをつくる、問題を単純化し、合理的な検討や解決策の模索から目をそらす、政治を「わかりやすく」するとして政治的関心を高めて選挙の投票率を上げる、マスメディアや国民が政治と政策について思考停止に陥る(強い指導者に依存する)、「長いものに巻かれろ」の社会では、こうした政治を支持する声が拡大するか、沈黙が広がる——にあるという。強い指導者に依存する政治とは、たしかに、こうした現象を伴う危険性があるといえるのかもしれない。

(2) 地方自治とポピュリズム型政治

ポピュリズム型政治の歴史には、1930年代のドイツや第2次大戦後の南米など、様々なかたちがあったのだろうが、現代日本の地方自治の問題としても関心を払わなければならないと思われる。首長を直接公選する仕組みは、民意をダイナミックに反映する政治・行政を実現する制度として魅力あるものだが、その運用を一歩間違えると、知らず知らずのうちにポピュリズム型政治の土壌をつくる可能性があるといえるのだろう。

ここ数年、地方政治の現場では似たような光景を見させられてきた。市長が議会の機能を停止させてしまったかつての鹿児島県阿久根市のケースや、市長自身が市議会リコールを実現する住民運動の代表になって出直し市議選と出直し市長選を知事選とともに行った名古屋市のケースがそれである。地方分権時代に不可欠な成熟した地方政治のあり方を考えてきた私としては、地方自治とポピュリズム政治の関係を考え込まざるを得ない。

バーナード・クリックの指摘を手がかりにして考えてみると、ポピュリズム型政治を生まないためには、「政治的統合体から排除された人々」を生みださないように、住民の政治参加を強化することが必要になるということができる。その住民参加・政治参加が最も身近で実現できる可能性があるのが地方自治の世界だとしたら、実はポピュリズムを防げる手立てが一番近くにあるのも地方自治体ではないかという気がする。自立した住民が参加しながら地域をつくる地方自治を目指すのか。それとも、地方自治とは名ばかりにして上からの行政だけを先行させて肝心の住民の政治参加が埋没するような地域にしてしまうのか。そこが分岐点なのだろう。

その場合、多数決という方法だけを振り回して決定する政治ではなく、多様な意見を基にして対話と議論を重ねて合意点を発見するという政治を、地方自治の場でよく考えなければいけないことになる。住民の中にある多様な意見をくみあげ、それをもとに公開の場で議論を重ね、その中から合意点をみつけて地域の意思を統合する。すなわち、地方議会の再生こそが必要だということになるだろう。政治的統合体から排除された人々を生まない住民参加のシステムをもっと考えなければいけないのではないか。

（3）マススメディアの責任

大阪都構想の報道にいくらか関係していて自らの反省だが、われわれジャーナリストは「多様な意見を尊重した民主主義」「様々な意見の中から合意点を見つけるための民主主義」を常に考え続けていかなければならないということである。それがマスメディアの責任であろう。マスメディアは、時として、起きたことしか伝えなかったり、情報を断片化して伝えるだけで済ませたり、過激で短いコメントを載せて簡単に処理したりすることがある。それを反省しなければならない。

大切なことは、問題の背景を十分に分析し、問題の基礎的な構造・論点・対立点を伝え、「考える読者」に向けて質の高い情報を伝えることだと思っている。当然のことだが、当事者の主張だけではなく、批判された側の反論や、専門家の分析や記者の解説記事が非常に重要である。マスメディアが人々の「知る」「考える」という行為を支援するツールにならなければいけない。その点で研究者にも協力を求めていかなければいけない。

マスメディアは、わかりやすく伝えようとするあまり、ものごとを単純化して「あれかこれか」と二項対立の図式にしてしまう傾向にあることを常に反省しなければならないのだろう。二項対立の図式に整理することが、物事を一番わかりやすくする面もあるが、そうした処理に潜んでいる「落とし穴」をわれわれは意識的に考えなければいけないと思っている。

【質疑・討議】

本会員　大阪都構想を中心で分析されていますので、無い物ねだりになってしまうかもしれませんが、大阪都構想と連動して中京都構想もあり、さらには新潟都構想までありあります。大阪の場合は特殊事情として都市率が高いというのに対し、名古屋は低くて、新潟はさらに低いわけです。それにもかかわらず、このように新潟のような事態が現れてくることをどのように分析されているのでしょうか。

青山　大都市自治体優位の論理、東京一極集中への苛立ち、分権改革の論理的な帰結、そういう点で見ると、大きな流れは同じだろうと思います。ただし、構想の内容になると、大阪都構想はともかく、中京都構想は「尾張名古屋共和国」というキャッチフレーズもあって、よくわからない。河村たかし・名古屋市長は、去年2月にトリプル選挙をやったとき、橋下徹氏や大阪維新の会が応援に来たが、結局は選挙戦術の一環だったとしか思えない。あれから1年経っても構想がかたちにもなっていないわけです。ただ、底流には、先ほども言ったように、大都市が豊かになれば日本は豊かになるという経済思想、東京一極集中への苛立ち、地域に合った自由な制度を作らせてほしいという要求があることは共通しているのではないでしょうか。新潟については、政令指定都市になったばかりではないか、という思いが私としてはあります。

本会員　新潟では知事が主導し県では研究会を立ち上げていて、学者の人も入っています。ただ、学者にはそういう構想の反対論者がいて全然進んでいないとか。

青山　ちゃんとした制度設計を示したら論争にもなるけれども、そんなふわふわしたものは議論しにくいという見方が成り立ちますよね。ただ、新聞は、何かありそうだ、「新潟州」というのは珍しい言葉だと思って書いていくのですが、実は論評のしようがないという状況ではないか。話題にはなるけれど。

本会員　別に相手にしないということでいいのですが、個人的な話をさせていただきますと、私が参加しているある憲法の研究会でも、大阪都構想に関連したシンポジウムを7月にやるのでパネリストをやれと言われてやらされるのですが、相手のパネリストになる人が慶應大学の上山（信一）さんです。上山さんがこれだけ書いてますというのが送られてきています。まだ見ていないのですが、大阪都に関しても書いてあります。大阪のブレーンでもあるのですが、新潟都構想でもブレーンなので新潟についてもかなり書いているんですね。だから、ある意味、どんな議論になるのか楽しみな人です。それなりに制度設計をしている人はいる。それと、橋下氏などに出てくる具体化された都構想はまた別のものになるのでしょうけれども。

慶応大学の上山信一さんは、大阪都構想についてブレーンで、それなりに制度設計をしている。ただ、橋下さんの具体化構想とは異なるかもしれません。
例えば新潟都構想などは、言ってみれば新潟県の財力を新潟市に集中することで新潟市を浮かび上がらせるということだと思います。その意味では、今、新潟市が政令指定都市ですが、新潟市のみならず新潟県内のさまざまな市町村の財力を県が全部持って、都にしてしまった新潟市の拠点の部分を富ませる。そして、国際化都市になっていこうという夢があるのだろうと思います。恐らく中京都構想もそうですし、大阪都構想もそうですよね。だから、どう考えても、大阪都構想のように区を中核市並みの権限にするとか、そういうこととは釣り合わないという気がします。

青山　これは、地域の中の大きな都市に資源を集中させれば、その県全体を引っ張っていけるという思想ですよね。多分、新自由主義に近い人々は、みんなそう言うのですが、本当にそうなのでしょうか。例えば、グローバリズムがこれだけ拡大していなかった時代、国境が高かった時代、１９６０年代、７０年代はそうでした。大都市域からの税収は地方交付税を通じて日本各地に回すことができたわけですよね。それを、水がめから水が下に滴り落ちることに似ているので、トリックル・ダウン型と言うわけですよね。
しかし、今は大都市域から得られた収益は、キャピタルフライトの時代ですから、国内に落ちるというよりも、世界中の最も有利な投資先に移っていくわけですよね。そういうことで、日本全体の財政調整制度の能力は落ちてきているわけです。そういうことも考えずに、大都市だけを強力にしても、あとは荒地になってしまうのではないか。そんなことがいいかどうかは誰が考えたって明らかだと思います。

本会員　新潟と中京と大阪で共通点があるのかないのか。僕が見ている限りでは、基礎自治体と広域自治体との関係性の問い直しはある部分共通しているかと思います。どういうことかというと、自治法上は、広域自治体は連絡調整と補完と広域という、要するに基礎自治体中心の仕組みだということに建前上はなっているわけです。それに対して、新潟でやろうとしていることも、愛知県でやろうとしていることも、大阪でやろうとしていることも、そうした形での基礎自治体優位のもとでの補完的な役割を広域自治体が担うという構造ではなくて、成功するかどうかわからないけれども、広域と基礎自治体が協調することによって無駄を省いて効率化して地域に何か利益をもたらしていくような、従来の基礎と広域の振り分けとは違う、基礎自治体と広域自治体の新しいあり方を目指しているという。その一点ではもしかすると共通しているのかという気がします。

本会員　だから、私も橋下構想に賛成か反対かは別にしてメリットがもしあるとするならば、大阪市や名古屋市はあくまで市営地下鉄ですが、東京都は都営地下鉄です。だから、都としてインフラ整備をするほうがやはり充実したものができるだろう。そういうものを売り物にしているのかなというイメージです。

本会員　というよりも、むしろ協調だと思います。今、大阪では「府市合わせ（ふしあわせ）」といわれている、府と市がずっと対立し合ってきた「不幸せ」があるから。そういう形でそれぞれ好き勝手にやっていると二重行政になるし、非効率になるし、地下鉄も延伸しないとかいう問題がある。今、府市統合本部が立ち上がっていろいろ整理しているのですが、もしかすると大阪都構想は既に、その一番キモの部分は達成されているのかもしれなくて……。

青山　さっき言ったのはそのことなんですよ。実は、私は大阪府自治制度研究会に参加していました。東京の都区制度をまねする必要はないと主張したのですが、あの研究会の報告は、都区制度とか都構想とかいう前に、大阪市長と大阪府知事の協議を法制化すればいいと提言しています。ただ、府市が長い間対立してきた大阪の歴史も知らないくせにと言われたのですが、そういう報告書になっているのです。しかし、いま、その府市の連携が府市統合本部というかたちで実質的に実現しているわけです。ただ、それでは十分ではないという。橋下徹氏の狙いはそんなところにあるのではないのかもしれない。

二重行政という問題にしても、府市の連携で解決できるという考え方があります。これは立命館の村上先生が盛んに唱えられておられるけれども、二重行政とは府県と政令指定都市が同じ行政をやっている状態をいうのだとしても、図書館だとか体育館だとか、その施設に対する地域住民からの需要・要求に供給が不足している場合なら二重であっても問題ないではないかという議論もあるわけです。このようなことは府県と政令指定都市が政策評価を行ってよく調べ、やはり過剰だと思ったら解消すればいい。手順からすれば撤退するのは府庁のほうだと思いますが、そのように整理していけばいいだけの話だというのです。大阪都構想のような大事（おおごと）なことを言うことはないのではないかというのがそもそも論なのです。

一方で、大都市制度は外の人がいろいろ言うものではない。自分たちがやりたいと言っているのだからやらせろという論があるので、悩ましいところです。

本会員　橋下が言っているのも、人が死ぬような話じゃないんだから、やりたいと言う以上やらせてみろという議論ですから、自分たちが暮らす地域の制度設計は、失敗してもいいから、やりたい者にやらせろという意味で地方分権に連動する部分が強いのだろうという感じでしか見る意味がないとは思います。

先ほどの大阪都や新潟都にすることのメリットは本当にあるのかという議論と絡んでしまうので、もう一点だけ。逆に、政令指定都市を特別自治市にする。これは逆に言うと、特別自治市で得られる税収は、これまでは県を通じて全県的に配分されたものを全部独り占めにしてしまえるわけです。それにもかかわらず、そちらの方向への主張も横浜市などでは強いわけですよね。青山さんは、それについてはどのように評価されますか。

青山　特別自治市というのは、先生方の中にドイツなどの専門家も多くていらっしゃると思いますが、ハンザ同盟の歴史があるようなハンブルクというところが都市州になっていて、それが一つのイメージではあるけれども、それは日本の国が連邦制になるとか、あるいはものすごく分権が進んだ時点ではあり得るのかなと思います。しかし、私としては、大都市を完全に独立させるのではなく、薄い組織でもいいから、大都市の上に広域自治体を置いたほうがいいと思います。問題は、今の都道府県が余計なことをし過ぎていたり、広域自治体がやるべきことをやらずに国の「手先」のようになっていたりすることにあると思います。広域自治体でしかできないことをやるように組織を純化させることを条件にして、私は大都市自治体の上に広域自治体があったほうがいいと思っています。大都市だけ成長すればいいというものではないし、大都市は海の中にぽつんと浮かんだ孤島のような存在ではないです。そのことをよく考えなければいけないのではないかと思います。だから、画一性から多様性というようにして自由と自己責任を果たす地方自治は必要ですが、もう一方では自治体間の連帯を考えなければいけないのではないでしょうか。私はそう思っています。

本会員　大阪に関して言うならば、政令市がほとんど地方交付税の交付団体ですよね。府県の財政調整機能は実はそんなに大きなものではなくて、地方交付税の算定率を少し変えるだけで、政令市が特別市になって府県税を政令市が取るようになっても、そんなに配分は変わらないですよね。府県が大都市地域とその周辺部への財政調整機能を果たしていることは確かに今の仕組みではありますが、政令市がへたっているために、それがかつてほど大きなものではなくなっていることは押さえておく必要があるだろうと思います。

青山　大阪の特殊性というのはそこでもう一つあると思います。かつては千里ニュータウンとか泉北ニュータウンとか堺コンビナートとか、大阪府庁の仕事がたくさんあって、大阪市域から得た税収はそのような事業に当てられました。そして、挙げ句の果てに非効率な投資にも向けられるようになったということです。ただし、大阪市のほうも、ベイエリアに高層ビルをつくって事業が破綻しているわけですから、どっちもどっちなんですよ。このように、府県のもっている所得再分配機能の点からみれば、過疎町村を抱えていない大阪府は他の府県とは少し違うところがあるように思う。兵庫県とか京都府とかとは違う。愛知県もそうです。三河のほうは過疎町村があります。大阪府にはそのような町村に対する財政需要が少ないという点で、他とは明らかに違う。まさに大阪の特殊な問題だと私は思っています。

そもそも、訳のわからない公共投資に回して失敗しているのだから、そういうことではなくて、大阪のまちはもっと違うことが大事ではないかと私は思っているのですが。

本会員　ちょっとよろしいですか。選挙のときは、大阪市の今の行政区をもうちょっと大きな単位に分けるという話はしていたのですか。この間の地方制度調査会では結構それが出ていたのですが、この間の橋下市長の話を聞いていると、法現象としてもみれば単純な政令市の分割にすぎない。しかも、府市統合のその「府」は過渡的なものだと主張している。そこは薄まった存在であって、最終的には道州制のようなものに移行していくと言っておられた。そうすると、核心部分は何のことはない、大都市大阪市の分割にすぎないのではないか。

青山　大阪市と堺市を廃止・分割して大阪府への吸収すること、これが大阪都構想の本質ですよね。そうすると、区をいくつにするかという話は、大阪維新の会の11月の段階のペーパーでは8から10です。1区30万人以上と言ったのです。選挙戦のときにはさすがに慎重になって、「24色に光輝く大阪」をつくるなどと言っていました。つまり、行政区は合併しないかのような曖昧なことを言った。ところが、ここに来て、区割りが必要だということになっている。ちゃんと詰めるべきだと思う。

本会員　そこが一番肝心で、市民の理解を得られるのかどうか。そこを了解して投票したのかどうかが最大の関心事です。

青山　私もそういうことを原稿に書いたことがありますが、この問題の核心は、いろいろな意味で、区割りと財政調整制度にあると思います。ところが、その根幹部分を示さない。そこをきちんと示さないのに選挙をしていいのだろうか。当然、大阪の記者はこのことをダブル選挙当時、当時の橋下知事に聞いているわけです。しかし、彼の言い方は「そんな細かいことまで全部いちいち詰めていったら、民意を問えない。みんなの民意を問うのは大きな方向だ。それはこれからだ」というものでした。

本会員　それもレトリックとしては、政治家というのは大きなビジョンを示せばよくて、あと財政調整とか、つまらない数字のことは役人がやればいいんだという話なのですね。

本会員　それはもっともなところもあって、私も論説をやっていたときに具体的な詳細な制度設計を書け、それを知らせてから民意を問えという趣旨のことを書いていましたけど。当時はまだ政治団体の大阪維新の会の主張でしたから、詳細な制度設計をつくるのに大阪府の職員を動員してやることはできない。だから、先ほどから出ているように大まかに方向性を示して、それで民意が得られれば、あとは職員あるいは専門の方に入ってもらって詰めていけばいいというのが彼らの言い分でした。

青山　あの当時の私は、区割りと財政調整のほうが問題なのであって、これからは一番重大な問題を今までのような喝采型政治で決着できるようなものではない、という意味のことを書きました。そんな簡単な制度設計ではない。それが示されなくては、この構想が人々にとって本当に良い制度かどうかはわからないということです。

本会員　さっき言い忘れたことの補足ですが、区割りを示した途端に議論が紛糾してまとまりがつかなくなるので、市町村合併のときに役所をどこに置くか、名前をどうするのかと同じぐらいなら、それは一番最後ということですね。

本会員　橋下の手法の一つに、ご指摘の漠然とした期待を集めるための独特の手法がありますよね。

その一つに公務員攻撃があると思います。この間も大阪市職員アンケートで見え見えのことをやって、反発を買うのはわかっているけれども、やって、引くところはぱっと引いてしまうということをやっていますよね。あれとも関係するのだけど、聞きたいことは、大阪市というと自治労が大半で、自治労連はちょこっとしかいないと、この間聞きましたけど。名前で見ると、どこがどうかよくわからなかったのだけど。そう見ていると、攻撃対象とされる公務員労働者の働き方とか、あるいは自治というのだけど、公務員労働者というのはちっとも自治的ではないと見えたりするのだけど。橋下に攻撃される自治体労働者はいったいどういう存在であって、なぜここまで利用されるまで落ち込んでいるのかということを聞きたいのですね。ここに来ている公務員の方を見ていると熱心だし、勉強会に集まっている人たちを見ても、この人たちが住民から信頼を得られないはずがないと僕は思うのだけど。大阪はボロボロだったのですか。

本会員　ここに来られている自治体職員の方からすると、多分対極的な方たちが多いのではないですか。多分こういう場には来ない、学会にも来ない。もっと言うと、先ほど青山さんは触れられませんでしたが、大阪都構想を生んだ土壌の中で、今度の選挙の大きな勝因になっていると思いますが、大阪市役所の問題が大きいと思います。

２００４年から２００５年にかけて、記憶にあると思いますが、職員厚遇問題といわれた、闇退職金だとかの問題、それの改革に当時の関市長が踏み出した途端に、選挙で負けてしまって進まなくなってしまった。平松さんは職員労働組合にも担がれて支持を受けて市長になったということで、改革がトーンダウンしてしまった。あのいろいろな問題が噴き出したときに背景として、歴代の大阪市長はみんな助役・副市長からなっていたのですが、選挙のときに市役所と職員労働組合と地域振興会という町内会、それから各種団体と経済界とが一緒になって歴代市長を当選させてきたから、もたれ合いの構造の中で行政をやってきました。

労働組合というのは、大阪市で言うとまさに既得権益にどっぷり浸かっているというので、橋下さんは、石原知事もそうだと思いますが、既得権益の打破とか新自由主義的な考え方とか、話がそれますが国家主義的な価値観とかナショナリズムとか、言っていることは似ていると思いますが、その既得権益を打破する。議論をして改革をしないということは、その人たちを守り続けることだから、公務員と労働組合を仮想敵に仕立てて、白か黒かと迫る、わかりやすい組み方がやはり効を奏した選挙だったと思います。

もう一つだけ言うと、丁寧に丁寧に合意形成をしていってという手法よりも、有権者はスピード感を持って改革してくれ、少々強引であってもいいということを優先させたのかなと見ています。

青山　先ほどのお話に関連しているのは、大阪市役所の公務員制度というか人事制度が私もよくわからないのです。中之島の本庁と各区役所との人事交流があまり多くないことに問題があるのではないでしょうか。実は大阪市の区役所というのは大阪の都市問題が一番深刻にわかる現場なわけですね。生活保護にしても何にしても。ところが、現場の情報が本庁に流れないとか。

大阪市は旧5大市のなかで最も古い市役所の一つですが、いくつかの資料を見てみると、行政区に対する分権が5大市の中で最も遅れている。これは考えてみると、戦前の名市長といわれた関一さんがあまりにも立派で、優秀な公務員群で大阪の都市問題を解決していくのだという伝統が、今になってあだになっているのかなあと感じます。それにしても、なぜこんなに市役所がみんなに信用されないのだろうか。

しかし、公務員と教員さえ叩いていればいいというやり方のおかしさに気がつく必要があると思います。立命館の村上さんの「ポピュリズム」の議論によれば、誰かを攻撃対象にするポピュリズム政治では、結果を出さなくてもよくて、とにかく戦っているという姿勢を見せるだけで十分なのです。だから、いかにもできそうもないもの、何十年後になるかわからないものでもいいから、それを掲げていって、他方でひたすら既得権者がいるといって攻撃する。そういう政治手法ではないか、という批判があるのです。

冷静に考えてみる必要があるのです。ただ既得権者を叩けばいいのではない。公共サービスの供給を担っているのは誰かといったら、それは地方公務員ではないか。人々の暮らしを支える公共サービスがどれほど必要かは、今度の東日本大震災の被災地を見ればよくわかるのではないでしょうか。地方公務員をただ攻撃しているだけで、われわれはハッピーになるのか。そういう議論がもう一方であってもいい。私は、みんながわいわいと言っているような多様な社会のほうがいいと思いますね。

本会員　その話、ひと言だけ。今、論文を書いていて、タイトルは自治体公務員裁判というものだけど。首長が組合の支持を受けて当選する。その代わり、首長は裏で組合と交渉して、おいしいものを出しているのだけど、わからないようにする。これは公金による買収である。首長が個人の金で「投票してね」と言ったら、買収で捕まる。ところが、税金で、はっきりしたことがわからないで、うやむやにして職員の福祉と称して渡すと、職員は「市長は俺たちに金をくれて投票する」というので、税金を使ってやるほうが、確かに買収という形式にはあたらないけれども、実質的には買収で、組織的に公金を使って買収していて、もっと巨悪なんだ。そういうことを理解しろと言っているわけですよ。だから、そこは組合のほうもよく理解しなければいけない。

だから、僕はその点では橋下市長はよくやっている。組合の票を当てにしないで頑張っているという点では褒めてつかわすべき、となります。神戸市も歴代、助役が市長になっていて、この前の選挙は８０００票差だったので、あれは組合が反対側に回るか、黙っていれば完全に勝負は逆になったのです。完全に組合管理会社で職員自治なんですよ。地方自治は全然ない。

青山　一度信頼を失うと本当に大変ですね。こういうところが致命的に響いてしまうということですか。

本会員　いや、大阪市は昔からひどくて、水道局の職員が水道管の掃除をすると「水中作業手当」と「雨中作業手当」が出る。規則にはそこしか書いてないのですね。それだけを見ると、大雨だろうな、とんでもない深いところで仕事をしているのだろうと思う。しかし細かい規則を探していったら、水深15、長靴を履いていたら濡れません。小雨でも雨です。僕がそれを見つけたら、どこから情報が出たんだと。担当係長が飛んできて、「ここを消してくれ。俺の首が危ない」と。最近はそういう制度がなくなったけれども、みんな、そうして、いっぱいインチキをやっているので。やはりこれを正すという点では橋下は立派だと思う。ほかの話は別にして。

青山　大阪都構想の推進よりも、もっとそこのところを、もう少しみんなが常識でわかるような範囲で変えることができれば、それでいいのではないかと言う人もいますね。

司会　そろそろ時間ですので、どうもありがとうございました。（拍手）

【研究会報告以後の動き】（青山 彰久）

与野党で特別区制度導入法案を成立へ

研究会から5か月がすぎた7月6日、国会では、大阪都構想を導入するための法案をそれぞれ提出していた与野党が、地方自治法ではなく東京都以外にも特別区の設置を認める特別法としてまとめて国会に共同提出することで合意に達した。これにより、この特別法が会期延長された通常国会で成立した。背景には、研究会の場でもふれたように、大阪都構想にとどまらず既成政党に対する批判を掲げて国政進出を図ろうとする橋下徹氏と地域政党「大阪維新の会」の既成政党に対するゆさぶりがあり、各党の間にも「次期衆院選を前にして敵に回すのは得策ではない」という政治的な思惑があったことがあげられる。

ただし、今回の法案はあくまで導入のための手続きにとどまり、大阪都構想の制度設計に踏み込むものではない。新しい大都市制度としてどのような制度が設計できるかというボールは改めて大阪に投げ返されている。だが、依然として、大阪維新の会と大阪府・大阪市は昨年秋の大阪ダブル選挙から半年がすぎた段階でも成案を固めきれず、大阪都構想は依然としてイメージの域を出ていない。大阪市民の間には「大阪市解体」への反対論も根強く残っている。

まず、与野党が合意した新法案「大都市地域特別区設置法案」をみよう。その骨子は、

○東京都以外の道府県で、市町村を廃止して特別区を設置できる

○政令指定都市と、政令指定都市を含む隣接する市町村地域で、総人口200万人以上の区域を対象とする

○道府県と市町村が協議会をつくり、特別区設置協定書（計画）を作成する

○税源配分・財政調整・事務分担を定める際には総務相と事前協議する

○関係する地方議会の議決と、廃止される市町村での住民投票を必要とする

というものである。対象になるのは、大阪だけでなく政令指定都市を含む総人口200万人以上の大都市地域とされた。200万人を超える政令指定都市と、政令指定都市と隣接する市町村をあわせて200万人を超えた地域なら、従来の行政区にかえて特別区を設置できることになる。

この対象地域の人口規模をめぐっては、「100万人以上」としていた自民・公明党案、「70万人以上」としていたみんなの党案ではなく、民主党案でまとまった。これによって、200万人を超える横浜・大阪・名古屋の3市に加え、札幌・さいたま・千葉・川崎・京都・堺・神戸の計10市の地域で特別区を設置することができるようになる。

論点の一つだった中央政府の関与のあり方は、各自治体が特別区を設置しようとする場合には制度設計の段階で税源配分・財政調整・事務分担の3項目について総務相と事前協議することが義務づけられた。ただし、民主党が主張していた総務相の同意は削除され、総務官僚たちの過剰な関与を警戒して総務相の同意を不要とする自公案・みんなの党案が通った。もっとも、国と自治体の意見が対立した場合の処理をどうなるかは今後の問題に残された。

さらに、議会の議決だけで済ませるか住民投票を必須条件にするかについては、住民投票を不要としたみんなの党案が退けられ、住民投票を求めた民主党案と自公案でまとまった。つまり、特別区への移行によって廃止される市町村での住民投票で過半数の賛成を得ることが必須になった。自治体のかたちをどうするかは自治の根幹問題であり、住民投票を必須条件とすることにしたのは当然であろう。ただし、この場合、府県全体の住民投票の必要性にはふれられていない。

注目されるのは、新たに特別区を設置する道府県の名称を変更する規定は盛り込まれていないことである。つまり、特別区を設置しても「都」を名乗ることができず、大阪の場合も「大阪都」ではなく従来の「大阪府」のままになるということである。これからは「大阪都構想」という名称は消えていく可能性がある。

このように、総じて見ると、「制度設計さえ可能なら」という条件がつくものの、日本の大都市で東京23区以上の財源と権限を持った「特別区」を導入できる可能性を開いたといえる。少なくとも公選の首長と議会のない行政区を変革することはできる。ただし、憲法上の基礎自治体としての「普通地方公共団体」ではなく「特別地方公共団体」にとどまる。その点はいったん置くとしても、そもそも、設置する特別区に中核市並みの権限と財源を与えることが可能かどうかという点については不透明である。また、従来の歴史ある大都市自治体の枠組みをどうしていくのか、道府県が吸収して消滅させてしまうのかという問題もある。今回の特例法案は、そのことを脇において、さしあたり、これらの難題はすべて自治体側の制度設計と住民投票を通じた住民の判断に委ねるということにしたといってよい。

また、政府側としては、大都市制度のあり方を首相から諮問をうけて審議中の地方制度調査会の議論や答申とどう関係させるのかがはっきりしていないという問題も残っている。

大阪では依然として高いハードルが

大阪では、堺市を除いた大阪府と大阪市が「府市統合本部」を設置したのに続き、大阪都構想の基本設計を行う「大都市制度推進協議会」を4月に発足させた。協議会は、橋下徹・大阪市長と松井一郎・大阪府知事と府市の議員18人の計20人で構成される。

現段階の計画では、２０１２年夏に特別区制度導入法案が成立した場合、２０１２年度末までに、この協議会で財政調整や区割りを含む「特別区設置計画」を策定し、その計画を府議会と大阪市議会に提出して議決を得る。そして２０１４年ごろに大阪市で住民投票を実施し、２０１５年４月に大阪市を廃止して特別区制度に移行する――というスケジュールを想定している。

研究会でも繰り返しふれたように、依然としてハードルはいくつもある。第一は、中核市並みの仕事をするという特別区の行政を支えるため、特別区間で財源を調整する財政調整制度を構築できるかどうか。地方交付税を受けなくても済む東京都と23区との関係とは異なり、府と大阪市は地方交付税を受けなければ立ち行かない。しかも、大阪市内の24区の間では最高で16倍もの格差がある。第二は行政区をどう統合するか。橋下氏らは24の行政区を８～９区の特別区に再編すると説明してきた。だが、地域のつながりを分断しないように再編するのは容易ではない。組み合わせによっては特別区の財政力に大きな差がでて財政調整制度に対する依存度が高まる。そうなれば財政調整制度の設計が一段と難しくなる。第三のハードルは議会だ。大阪維新の会は府議会では単独過半数を占めるが、大阪市議会では過半数に達していない。地元の自民・民主両党には依然として橋下・松井両氏の構想に批判が多い。そして最後のハードルは住民投票。それまでに問題の論点が十分整理されるか、市民がムードだけでなく構想の長所と短所を見極めて判断できる環境が整うか。「声の大きな政治家にすべて任せる」というポピュリズム型政治に陥ることがないかどうかということである。

都構想への理解を深める狙いもあって府市統合本部は５月19日、府市の事業をめぐる経営形態の見直しと二重行政の一元化に関する基本方針を策定した。市営地下鉄の民営化や水道事業の統合など34項目にのぼる事業・組織の再編リストラ策で、これによって市の財政支出だけでも年間２００億円の削減を見込み、1万人以上の市職員を非公務員にし、これらを都区制度に移行する２０１５年度に向けて実施するとした。この計画をめぐっては、スピード感のある方針を評価する声と、「知事と市長が同一政党に属するだけで十分ではないか」「過剰な民営化で料金値上げや行政サービスの縮小につながるのではないか」という懸念の声が錯綜した。大阪都構想の持っている多くの問題提起はさらにかたちを変えて続いている。

野田政権の地域主権改革

国分高史
（朝日新聞論説委員）

２００９年９月、自民党と公明党の連立政権から、新しい民主党中心の政権への交代が実現した。民主党は同年８月の衆院選にあたっての政権公約（マニフェスト）の中でさまざまな新しい理念を打ち出したが、その大きな柱のひとつが地域主権改革だった。

マニフェストでは、「地域主権を確立し、第一歩として地方の自主財源を大幅に増やします」とうたい、具体策として中央政府の役割は外交・安全保障などに特化し、地方でできることは地方に移譲する。国の「ひもつき補助金」は廃止し地方の自主財源に転換する、国直轄事業に対する地方の負担金は廃止するとの項目を掲げ、その中の各論として「国の出先機関を原則廃止する」と明記した。

鳩山由起夫元党代表らが「改革の一丁目一番地」と繰り返し強調していたのは記憶に新しいところだ。

もともと、民主党は地方分権に熱心で、玄葉光一郎氏や逢坂誠二氏ら、地方議員や首長を経験した議員らが中心になって分権の具体策の議論を続けていた。党代表だった鳩山氏もその流れを引き継いでいた。鳩山氏は民主党政権の最初の首相になった後も、この改革を実現する意欲を強調していた。

1　野田首相の国会演説での地域主権改革の位置づけ

ところが、政権交代から2年あまりで、誰も予想していなかった民主党政権で3人目の首相が誕生した。２０１０年7月、菅直人首相のもとでの参院選で、民主党は参院の過半数を失った。自公政権末期以来のねじれ国会となったこともあり、民主党の様々な改革は変質を迫られた。当初、民主党がマニフェストで掲げていた予算の全面組み替えと税金の無駄使いの排除で16・８兆円の財源を捻出するという公約も、不可能なことがはっきりしてきた。首相も3代目となり、政権交代当初の理念がだいぶ失われてくることになってきたのだ。

それが端的に表われたのが、２０１１年9月13日の野田佳彦首相の所信表明演説だ。民主党代表選でマニフェストにはなかった消費税率の引き上げを掲げ、小沢一郎元党代表のグループとの戦いに勝って代表に選ばれた野田氏がどんな所信を述べるか非常に注目されたが、地域主権改革に関心を持つ自治体関係者や学者、ジャーナリストの間では大きな失望を招いた。

野田首相の9月の所信表明演説、次の10月の臨時国会の所信表明演説、そして２０１２年1月の施政方針演説の関係部分を、それぞれ見てみよう。

○2011年9月13日　所信表明演説

◆世界的な経済危機への対応

「農山漁村の地域社会を支える社会基盤の柱に郵便局があります。地域の絆を結ぶ拠点として、郵便局が3事業の基本的なサービスを一体的に提供できるよう、郵政改革関連法案の早期成立を図ります。また、地域主権改革を引き続き推進します」

○2011年10月28日　所信表明演説

◆責任ある復興を実現するために

「地域主権改革は、地域のことは地域で決めるための重要な改革であり、国の行政の無駄削減を進めるためにも有効です。地方の意見をお伺いしながら、補助金等の一括交付金化や出先機関の原則廃止に向けた改革を進めます」

○2012年1月24日　施政方針演説

◆政治・行政改革を断行する決意

「行政サービスを効率化し、国の行政の無駄削減を進めるためにも有効な地域主権改革を着実に具体化していきます。12年度予算では補助金の一括交付金の総額を増やし、使い勝手を格段に良くします。また、国の出先機関の原則廃止に向けて、具体的な制度設計を進め、必要な法案を今国会に提出いたします」

最初の演説では、「郵政改革関連法案の早期成立を図ります」と述べた後に、「また、地域主権改革を引き続き推進します」という。地域主権改革に関しては、この一行だけ。これが、野田氏の国会における初めての所信表明演説の中での地域主権改革の位置づけだった。

「これはあんまりではないか」と、地方自治を担当する新聞各社の論説委員の間で話題になった。「これはどういうことなのか」という問いに対する野田氏の答えは、「書いてないからやらないのではない」というものだった。

首相の所信表明演説の内容は最終的に閣議で決める。そのため、事前に閣僚の間で草稿が検討される。「たった一行」の経緯を取材すると、二つの説が出てきた。

最初の案には地域主権改革に関する記述が一行も入っていなかった。それを見て川端達夫総務相が「これはあまりではないか」とアピールしたところ、一行入ったという説。

一方、最初からこの一行だったという説もある。川端氏が「たった一行というのはいかがなものか」とアピールしたところ、首相が「いや、これでいい」と答えたという説がある。真相は前者のようだ。

いずれにせよ、メディアも含めて地域主権改革に関心のある関係者の間では、野田首相は地域主権改革にはあまり関心はないのではないかという評価になった。地域主権改革について、本当にやる気があるのか、ないのか、よくわからない。

野田氏は財務相をへて首相に就任した。民主党代表選の際には、「財務省の組織内候補」と揶揄されるほど、財務省の考え方に影響を受けていた。消費増税を公約に掲げたのも、そのためだ。ところが財務省は、「地方にできるだけ権限や財源を移そう」という地域主権改革の基本的な考え方については否定的だ。こういうバックグラウンドを持った野田氏が、地域主権改革に本気で取り組むのだろうか。こうした危惧は、野田氏が実行した人事にまず表れた。

2　地域主権改革を進める野田内閣の体制

野田内閣とその前の菅直人内閣での、地域主権改革を進める体制を見てみよう。

○菅直人内閣での地域主権戦略会議メンバー

片山善博　総務相・地域主権推進担当相（元鳥取県知事）
逢坂誠二　総務大臣政務官（元北海道ニセコ町長）
瀧野欣彌　内閣官房副長官（元総務事務次官）

○野田内閣の同会議メンバー

川端達夫　総務相・地域主権推進担当相（元民主党幹事長）
福田昭夫　総務大臣政務官（元栃木県知事、元今市市長）
竹歳　誠　内閣官房副長官（前国交事務次官）

菅内閣では、鳥取県知事時代に「改革派」として名をはせた片山善博氏が総務相兼地域主権推進担当相に就いた。北海道ニセコ町長から国政に転身した逢坂誠二氏も、民主党内で分権政策をリードしてきた。そして、総務事務次官を務めた瀧野氏が内閣官房副長官として霞が関の官僚を束ねていた。

特に逢坂氏は、鳩山内閣発足以来一貫して政府内の役職に就き、地域主権改革に携わってきた。その逢坂氏が、野田内閣で初めて政府の役職から外れた。

野田内閣で総務相に就いた川端氏は、東レ労組の出身。民主党の幹事長も務め、実務能力が高いとされる政治家だ。ただ、地域主権に対してどれだけの熱意を持っているのか、そういうバックグラウンドがあるのかは不明だった。

逢坂氏の後任の総務政務官となった福田氏は、栃木県今市市長、栃木県知事を歴任した。野党時代には衆院本会議で「地方栄えずして国の繁栄なし」として小泉内閣が実施した「三位一体改革」を批判していた。ただし、党政策調査会の中で分権政策をリードしていたというわけではなかった。

注目すべきは、各省の事務方を束ねる内閣官房副長官として、竹歳氏が官邸入りしたことだ。

この人事は霞ヶ関で大きな話題になった。竹歳氏は国交省の現役の事務次官で、財務省の勝栄二郎次官と近いとされていた。官房副長官は旧内務省系の総務省と厚労省から起用されることが通例で、国交省から副長官に起用されたのは初めてのケースだ。

この人事を見て、地域主権改革はどうなるのかという危機感が関係者の間に広がった。というのも、自公政権の時代から政府の出先機関の改革が議論されてきたが、この出先機関改革は国交省の地方整備局が主要なターゲットになっており、当時から国交省はこの改革に対する最大の抵抗勢力だったからだ。また、財務省が地域主権改革に消極的なのは前述の通りだ。

野田内閣の発足直後、内閣府の幹部が、竹歳副長官に出先機関改革など民主党政権の地域主権改革の現状のブリーフィングをしたところ、出先機関の原則廃止、国と地方の協議の場などの主要政策について、かなり否定的な見解を示したと言われている。

このように、官邸の中枢での地域主権改革に対する熱意を疑わせる人事などが、「たった一行」の所信表明演説につながったとも受け止められた。

この一行演説は国会議員の間でも話題になった。自公政権時代に総務相を務めた片山虎之助氏（たちあがれ日本）が、一行演説の真意を質したところ、野田氏は「一行入魂であります」と答弁した。いかにも演説上手の野田首相らしい答弁だが、ここでも「一行しか書いていないからといって、やらないわけではない」ということを言いたかったようだ。

3　野田政権での地域主権戦略会議

では、実際どのように改革への動きが進んでいったか、「野田政権の地域主権戦略会議」の動きをみてみよう。

野田内閣の前の菅内閣まで、この地域主権戦略会議あるいはその下の「アクション・プラン推進委員会」で、さまざまな改革が話し合われてきた。そこでは、出先機関改革については全国一律に出先機関を地方に移管するのはなかなか難しいとの見方で一致し、出先機関を引き受ける体制が整ったところからブロックごとに移管を進めていく方針が決まった。それが2010年12月28日閣議決定の「アクション・プラン～出先機関の原則廃止に向けて～」という文書だ。主要部分は以下の通りだ。

アクション・プラン～出先機関の原則廃止に向けて～

平成22年12月28日　閣議決定

国のかたちを変えて、住民に身近な行政はできる限り地方自治体に委ね、地域における行政を地方自治体が自主的かつより総合的に実施できるよう出先機関の事務・権限をブロック単位で移譲すること等により、出先機関改革を下記のとおり進める。

記

1 出先機関の事務・権限をブロック単位で移譲することを推進するための広域的実施体制の枠組み作りのため、所要の法整備を行う。その際、以下の点に留意しながら進める。

（1）広域的実施体制の在り方について

広域連合制度を活用するための諸課題について検討を行った上で、新たな広域行政制度を整備する。その際、出先機関の事務・権限のブロック単位での移譲を受けようとする具体的意思を有する地域との間で、十分な協議・調整を行う。

なお、北海道等については、地域特性に配慮した特例を設ける。

（2）事務・権限移譲の在り方について

出先機関単位で全ての事務・権限を移譲することを基本とする。全国一律・一斉の実施にこだわらず、広域で意思統一が図られた地域からの発意に基づき移譲する仕組みとする。

（3）職員、財源に係る措置の在り方について

移譲対象機関の職員の身分取扱い等に係る所要の措置を講ずる。また、移譲される事務・

権限の執行に必要な財源を確保することとし、ブロック単位で大幅な事務・権限の移譲が行われる場合には、税源移譲についても検討する。

（4）スケジュールについて

平成24（２０１２）年通常国会に法案を提出し、準備期間を経て26年度中に事務・権限の移譲が行われることを目指す。

これには、「出先機関の事務・権限をブロック単位で移譲することを推進するための広域的実施体制の枠組み作りをするため、所要の法整備を行う」と明記されている。

「出先機関の事務・権限のブロック単位での移譲を受けようとする具体的意思を有する地域との間で、十分な協議・調整を行う」こととし、その場合は「出先機関単位で全ての事務・権限を移譲することを基本とする」ことを決めた。

要するに、やる気がある広域連合などに、その地域にある出先機関が行っている事務を仕分けして、いくつかの事務に限って移すのではなく、そこに務めている職員を含め丸ごと移管することを閣議で決定したのだ。「丸ごと」というのは、例えば地方整備局の仕事の一部だけを移したら、機能が分割され、災害時などに十分な力を発揮できないおそれがある。機能の低下を避けるとともに、移管事務の仕分けによって実質的に骨抜きにされるのを防ぐ狙いがあった。

この閣議決定を受けて、関西広域連合と九州地方知事会が受け皿として名乗りを挙げて、国交省の地方整備局、経済産業省の経済産業局、環境省の環境事務所の三つの機関の丸ごと移管に向けて、このアクション・プラン推進委員会で検討を続けていた。

その間、3月11日の東日本大震災があって検討のペースがいったん落ちたが、関西広域連合と九州知事会は移管を受ける前提で細部を詰める段階に入っていた。

だが、このタイミングで菅内閣から野田内閣に交代し、出先機関の丸ごと移管への雲行きが怪しくなった。

野田政権になって初めてのアクション・プラン推進委員会が2011年10月7日に開かれた。この推進委員会は地域主権戦略会議の下にある小委員会で、総務相が会議を仕切る。関西広域連合と九州地方知事会は、当然、丸ごと移管に向けての具体策を話し合うものと思っていたところ、会議の事務局を務める内閣府の地域主権戦略室が、これからの検討課題を16項目列挙したペーパーを出してきた。ところが、この16の課題が、広域連合の知事の側から見ると、これまですべて話し合っておおむね解決済みだったと理解してきたものが蒸し返されるような形で記されていたのだ。主要部分は以下の通りだ。

広域的実施体制の基本的枠組みに係る検討課題

内閣府地域主権戦略室

○執行機関の在り方
・直接公選の長を持たない広域連合が、出先機関の移譲を受けることをどう考えるか。
・緊急の対応を要する場合に迅速な意思決定を行う仕組みとして、どのようなものが考えられるか。
・構成団体間の調整を適切に行う方策としてはどのようなものがあるか。
・適切に内部管理を行うためにはどのような事務執行体制が必要となるか。

○組織の安定性、永続性
・現行の広域連合制度において解散や脱退は任意にはできないが、それで十分といえるか。

○出先機関の管轄区域と広域連合の区域が一致しない場合の対応
・広域連合の区域が出先機関の管轄区域を包摂していることが原則だが、概ね一致する場合でも、移譲を進めることができるか。
・仮に出先機関の管轄区域と広域連合の区域が一致しない場合には住民の利便性や行政の効率性が阻害される可能性があるが、その対策としてどのような措置を講じるのか。

○大規模災害時等の緊急時のオペレーション
・東日本大震災や台風12号災害等における出先機関や広域連合の活動状況等を踏まえ、適

切に　機能しうるオペレーションの仕組みについてどのような視点から検討すべきか。

○移譲事務に係る国の関与（指示、同意、許可等）の在り方

・移譲事務に係る国の関与の在り方についてどのように考えるか。

・現行の国の関与のルールについてどう考えるか。

○移譲の例外となる事務・権限

・「出先機関単位で全ての事務・権限を移譲することを基本」とされているが、移譲の例外となる事務についてどのように考えるか。

「蒸し返し」の典型的な例が、「直接公選の長を持たない広域連合が出先機関の移譲を受けることをどう考えるか」という部分だ。基本的に関西広域連合は知事ら首長の集まりだ。広域連合長は井戸敏三兵庫県知事だが、もちろん井戸氏は「関西広域連合長」として有権者に選ばれたわけではない。そういう「専任の長」がいないところに、政府の出先機関を移管していいのかという問題提起だった。

もう一つは、「出先機関の管轄区域と広域連合の区域が一致しない場合の対応」という項目だ。「広域連合の区域が出先機関の管轄区域を包摂していることが原則だが、概ね一致する場合でも、移譲を進めることができるか」と書いてある。これは何を指しているのか。関西広域連合には奈

良県が入っていない。そのように一部の自治体が欠けた連合に移管するのはいかがなものかという指摘だ。要するに「奈良県が入っていない関西広域連合には事務を移管することはできない」と言っているのに等しい。そのような課題を16項目も挙げてきたのだ。

これは、自治体側にしてみれば、それまで積み上げてきた議論を一からやり直すかのような話であり、関西広域連合と九州地方知事会を代表して会議に出席していた知事たちは、当時の橋下徹大阪府知事も含めて猛烈に反発した。

橋下氏は、「地域主権改革をやると言ったのは民主党政権のはずだ。その民主党政権でこういう議論の蒸し返しをするのであれば、もう地域主権なんかやめたらどうだ」と言い切り、委員会は紛糾した。

この委員会を取材していた筆者も、政府側のこうした対応を疑問に思い、10月17日付け朝日新聞に「出先機関改革　閣議決定までお蔵入りか」という社説を執筆した。

その3日後。10月20日に野田内閣で初めての地域主権戦略会議が首相官邸で開かれた。野田首相の発言が注目されたが、首相は、出先機関改革については翌年の通常国会に法案を提出すべく、「閣僚に改めて強く指示をしたい」と明言した。つまり、抵抗している国交相も含めて、法案化に協力するよう指示を出すということだ。

野田氏の地域主権改革に対する姿勢には前述のように懐疑的な見方があった。だが、２０１２年の通常国会と時期を明示して法案提出をするというのは重みのある発言であり、新聞各紙も大きく報じた。

ところが、それでも政府内外の関係者の間には「首相は本気なのだろうか」という見方が残った。普通ならば、首相が「法案を提出する」と明言した以上、実行するというのが素直な受け止めだ。それでもなお懐疑的な見方があったのは、先ほど説明したような人事もあったし、仮に通常国会に法案提出ができない可能性が強いにしても、政権交代早々の段階で「一丁目一番地」に掲げた改革の旗を早々に降ろすわけにはいかないという判断があったものと思われた。

当時、2012年の通常国会は、野田首相が後に「政治生命をかける」と言った消費税率引き上げをめぐり、増税に反対する小沢グループや自民党との駆け引きで政局の先行きが全く不透明な状況で、出先機関改革どころではなくなっているだろうという見通しも強かった。

それと、もう一つ大きな要因が、党のほうでこれを後押しする勢力が非常に弱くなったことだ。民主党には地域主権調査会という政調会の一部門がある。野田政権では海江田万里元経産相が会長、逢坂誠二氏が会長代行に就いた。かつては公開されていた民主党の政調の会議もこのころになると非公開になることが多く、最近は終了後に記者団にブリーフィングという形で結果だけが簡単に紹介されることが多い。

ところが、朝日新聞が入手したある日の調査会の議事録を読むと、旧建設省出身の議員あるいは移管対象となっている役所の政務三役の経験者たちがそろいもそろって、「出先機関の廃止などすべきではない、してはいけない」という大合唱をしている。

その一番大きな原因は東日本大震災だ。震災発生直後、国交省が中心となって国交相の指揮のもと、全国の整備局から人員・機材を集めて素早い道路復旧に力を尽くした。それは事実ではあるが、これを錦の御旗に出先機関は廃止すべきではないという意見が強まった。議事録を読む限りでは、出先機関の移管を進めようとする逢坂氏に対する吊し上げのような雰囲気になっていた。党がそういう考えであれば、法案提出は難しい。

そんな情勢も判断して、首相は法案を出すとは言ったけれども、実際は難しいのではないかというのが我々の見方だった。

ただし、首相が法案を提出すると言った以上、内閣府の地域主権戦略室は当然、それに向けて準備を進めていくし、政府内の調整もしなければならない。この調整が難航を極めた。

その理由の一つには、地域主権戦略室の構成がある。ここは各省の官僚がいわば寄せ集めで出向してきて組織を構成している。そこに地方自治体の職員も加わっている。要するに混成部隊、もっとはっきり言えば、出先機関改革なり地域主権改革を進めようとする側の官僚や自治体職員と、それをやりたくない側の役所から来ている官僚が机を並べている状況なのだ。

どういうことが起きるかといえば、抵抗する側の官僚があからさまな監視をする。地域主権改革を進める側の官僚によると、国交省や経産省からの出向者が、推進する側の官僚たちの言動をいちいち監視して本省に報告している。そういう状況の中で、地域主権戦略室は仕事をしているのが現状だ。

それでも、法案化に向けて具体的な案をつくらなければならないとあって、各省間で調整が始まったが、２０１１年12月、あるペーパーが政府内に出回った。タイトルは「新たな地域主権の在り方と広域行政制度の整備について」。出先機関改革を進めるにあたっての考え方をまとめたペーパーだ。これが政府内で波紋を広げた。主な内容は以下の通りだ。

・移管を受ける機関には、構成団体の長と兼務しない、独任制の長を置く。
・構成団体は、国からの事務・権限の移譲と合わせて、同種の事務・権限をすべて広域的実施体制に持ち寄り、一体的に処理する。
・国全体の利害を実現するため、国土交通大臣が整備計画決定や予算措置するなど関与する。
・大規模災害時には、国が直接指揮監督する。

先ほど説明した、野田政権最初のアクション・プラン推進委員会で、地域主権戦略室が挙げた16の課題の主要部分を、そのまま国交省寄りの内容に焼き直したものだ。

「構成団体の長と兼務しない独任制の長を置く」というのは、要するに各県の広域連合を構成する知事たちの合議体には運営を任せられない、知事の代表ではなく、専任の長を置かなければダメだということだ。

「構成団体は、国からの事務・権限の移譲と併せて、同種の事務・権限を全て広域実施体制に持ち寄り、一体的に処理する」。これは、新しい機関に整備局など出先機関が持っている仕事だけでなく、国交省関連でいえば各県の土木部の仕事も集約することを意味している。そのうえで、「国全体の利害を実現するため、国土交通大臣が整備計画決定、予算措置をするなど関与」、「大規模災害時には、国が直接指揮監督する」と書いてある。

要するに、新しい機関には、整備局など国の出先機関と都道府県が持っている仕事・権限を全部持ち寄って、そこに国の関与を被せるということだ。

これが実現したらどうなるか。政府が持っている出先機関を手放すどころか、出先を巨大化したうえで、政府が関与をし続けるという究極の焼け太りにほかならない。これは国交省がつくり、当時の政務三役が各省に持って回って説明したとされている。朝日新聞もその事実を報道した。

国交省側は総務省にもこれを説明した。ところが、説明を受けた総務省の福田政務官が「この案でいいのではないか」と了承したと総務省の幹部が証言している。福田政務官は、アクション・プラン推進委の主要メンバーだ。これでは出先機関改革は骨抜きにされると多くの関係者が危機感を持った。

こうした経緯を経て開かれたのが、12月19日のアクション・プラン推進委員会だ。そこに提出された今後の進め方についての事務局案には、なんと二つの案が併記されていた。つまり、先ほど紹介した国交省がつくったとされる案が「A案」として示され、もう一つ、これまでのアクション・プラン推進委員会で知事側も交えて検討されてきた内容を反映させてまとめた案が「B案」という形で出てきた。冒頭部分をみてみよう。

広域的実施体制の枠組み（方向性）（案）

内閣府

「アクション・プラン～出先機関の原則廃止に向けて～」（平成22年12月28日閣議決定）記1に基づき、広域的実施体制の枠組みについては、以下の点に留意しつつ、既存の広域連合制度をベースに当該制度を発展させるための検討を進め、平成24年の通常国会に特例法案を提出することを目指す。

なお、移譲を受けようとする具体的意思を有する関西、九州両地域の意向を踏まえ、経済産業局、地方整備局、地方環境事務所を当面の移譲対象候補として、個別の事務・権限ごとに国の関与を始めとする諸課題について具体的な検討を行う。

1　執行機関の在り方

○　執行機関の在り方については、以下の視点を踏まえ検討する必要がある。

〔検討の視点〕

・構成団体間の利害調整が適切に行われる体制
・緊急時等に迅速な意思決定が確保される体制
・一部の構成団体の考えに偏らない公平・公正な判断が保障される体制
・広範な事務・権限を処理するにふさわしい体制

こうした点を踏まえ、以下の2案が議論されており、引き続き検討する。

【A案】

・利害調整に当たり中立的・客観的立場から判断する必要などから、また、各構成団体固有の選挙による影響を受けないためにも、構成団体の長と兼務しない独任制の長を置く。

・独任制の長を選出する仕組みを整備する。
・独任制の長の下で事務・権限を執行する組織の体制を整備する。

【B案】

合議制の理事会を置き、以下の体制を構築する。
・理事会に代表理事を置く。
・理事会の組織・運営に関する必要な事項は理事会が定める。
・特例法令等に基づく措置として、緊急時等に代表理事に権限を集中させることを確保する。
・理事会の委任を受け事務を執行する専任の特別職である執行役（仮称）を置く。

本来は地域主権改革を進める立場の内閣府が、自らの責任で案をまとめて会議に出してくるのが筋だ。それをまとめきれずに、国交省案が「A案」としてほぼそのまま出てくる。いかに国交省サイドが内閣府に強い圧力をかけたかの表れだ。

当然ながら、知事たちは「いままで話をしてきた内容とは全く違う」とまたも猛反発した。新しい出先機関にいろいろな権限を集めた上で国の関与を認めるということに対して、兵庫県の井戸知事は「民主性に欠けて中央集権体制を強化する最悪の道州制といえる提案だ」と憤慨して、議論は紛糾した。話がまとまらずに、ここは川端氏が「もう一回調整する」と引き取って、またもや政府内の調整が始まった。

この会議を傍聴していた筆者も、さすがにこの国交省の改革つぶしの動きは目に余ると感じた。

閣議決定をし、首相が「進める」と明言した出先機関改革を、ここまであからさまに潰そうとする。仮に出先機関の移管が実現しても、現状以上に強い権限を国交省が握ろうとする。

どうしてこういう案が、そのまま委員会の議論の場に出てくるのかといえば、やはり政権内に地域主権改革を進めるための推進力が弱ってきていることが原因だと言わざるを得ない。菅内閣では、片山総務相や逢坂政務官が様々な形で地域主権戦略室の仕事をバックアップしていたのが、野田内閣になってそういう体制がなくなってきた。

この委員会を受けて、朝日新聞は12月22日付けで「国の出先廃止　あきれた国交省の暴走」との社説を掲載した。

この社説が掲載されたその日に、野田首相と川端総務相との間で、このA案とB案をどう扱うかという協議が行われた。川端総務相も、さすがに国交省はやりすぎだと思っていたようで、朝日新聞の社説も説明資料のひとつとして野田首相に提出されたという。そこで野田首相の判断が示され、その結果が、首相も出席した12月26日の地域主権戦略会議で公にされた。それは以下のような内容だ。

広域的実施体制の枠組み（方向性）（案）

1　執行機関の在り方

○ 執行機関の在り方については、以下の視点を踏まえ検討する必要がある。

〔検討の視点〕
・構成団体間の利害調整が適切に行われる体制
・緊急時等に迅速な意思決定が確保される体制
・一部の構成団体の考えに偏らない公平・公正な判断が保障される体制
・広範な事務・権限を処理するにふさわしい体制

こうした点を踏まえ、
・権限と責任を有する長を置く（構成団体の長との兼職を妨げない）
・構成団体の長をメンバーとする会議を置く
・専任の執行役（仮称）を置く

こととし、制度の詳細については引き続き検討する。

ポイントは、「執行機関の在り方については、権限と責任を有する長を置く（構成団体の長との兼職を妨げない）」の「兼職を妨げない」という部分だ。つまりはA案とB案の折衷で、知事たちの合議制の中で誰か一人を長と決めておけば、専任ではなく知事との兼務でも構わないという内容だ。この部分については知事側に配慮したものといえる。

そのほかの、個別の事務についての国の関与については、「まずは現行法に照らして検討を行い、不都合が生じる懸念があれば、対応策を柔軟に検討する」という内容となった。まずは現行の個別の法律に基づいて考えようという、比較的穏当な案だ。大規模災害時の包括的な指揮監督権については「詳細は引き続き検討する」ということで、事実上の先送りとなった。

この会議では、アクション・プラン推進委員会のメンバーである上田清司埼玉県知事は「気になる地雷が潜んでいるようなところもあるけれども、それを除いて法案化できれば8割方完成だ」と評価して、方向性は了承された。野田首相も「方向性が定まったので詳細な制度設計に入り、来年の通常国会への法案提出に向け最大限の努力をしていきたい。その際には変な地雷が入らないように細心の注意を払っていきたい」とこれに応じた。

4　2012年以降の動き

その後の具体的検討はどうなったか。2012年2月9日、年が明けて初めてのアクション・プラン推進委員会が開かれた。「丸ごと移管」といっても、やはり全ての事務を地方側には移せないので、実際にどの法律に基づく事務を移すべきだという分類作業に入っている。内閣府と地方側は、大部分の事務を地方に移管し、どうしても移せない一部の事務については本省にひきとってもらうという想定だ。

そしてこの日の委員会に、国交省、経産省、環境省がそれぞれ移譲を検討する事務とそれを規定した法律のリストを提出した。国交省は81法律中41法、経産省は45法律中40法、環境省は31の法律のうち27法の事務は移す、あるいはその検討をするという内容だ。整備局については、半分しか移さないということだ。

こうした仕分け作業に並行して国交省と地方整備局は、各地の市町村長に「出先機関の移管はやるべきではない」という働きかけを盛んに進めた。地域主権戦略室によるヒアリングでも、参加した市町村長はほとんど、出先機関の移管には反対であるとの意見を述べた。市町村長にしてみれば、大災害時には、国が責任をもって対応してもらわないと不安だというのがその理由だ。

一方、環境省の関係では、日本野鳥の会や各種自然保護団体が「環境保護などについては移管すべきではない」といった意見書を出した。地方に任せると、環境保護より開発が優先されるのではないかと懸念しているようだ。

5　民主党政権の地域主権改革の評価

民主党政権が誕生し、「地域主権改革は一丁目一番地」というところから始まって、野田首相のたった1行しかない所信表明演説の頃には、民主党の地域主権改革は「もはや番外地」になったと言われた。

ただ、それなりに進んでいる部分もあるのは事実だ。政府から自治体へのひも付きの補助金から、自治体にとって使い道が比較的自由な「地域自主戦略交付金」が２０１２年度は８０００億円程度確保され、いわゆる「義務付け・枠付け」の見直しも進んでいる。国と地方の協議の場の法制化もそれなりの成果を挙げるようになっている。

２０１１年末、民主党政権と自民、公明の野党との間でもめた「子どものための手当」への負担を、国と地方でどう配分するのかという問題が持ち上がった。当初、厚労省は地方がより多くの負担をすべきだと主張していた。あるいは消費税率を10％にまで引き上げた場合、国と地方の配分をどうするのかについては、政府側は当初、地方側の言い分を全く聞こうとはしなかった。

それでも、国と地方の協議の場で地方側が「それはおかしい」と主張し、マスコミもこれを盛んに報道した結果、年末に二つともそれなりの決着をみた。

そんなことも含めれば、民主党政権の地域主権改革はそれなりの成果を上げたとの評価もできる。

ただし、野田首相の就任以来、地域主権改革の理念はだいぶ変化しているのもまた間違いない。

野田首相の国会での３回の演説に話を戻す。２０１１年9月の所信表明演説、10月の所信表明演説、1月の施政方針演説だ。さすがに一行では批判されたので、10月と1月の演説はそれなりに中身が加えられている。

ここで注目したいのは、演説につけられている「小見出し」だ。この小見出しは演説では読まれないが、首相が読む原稿にはついていて、新聞に載る演説の全文にも掲載されている。先に引用した演説文の「◆」以下の部分だ。

これを見ると、地域主権改革の位置づけが微妙に変わってきていることがわかる。最初の演説では、「世界的な経済危機への対応」という中で取ってつけたように「地域主権」に触れられている。これにはあまり大きな意味がないが、その次の演説で「地域主権改革」がどういう文脈に置かれていたかというと、「責任ある復興を実現するために」との小見出しの次に置かれていた。つまり、このときは震災からの復興を進めるためにも地域主権改革は進めるべきだという文脈の中で、補助金の話などが書いてある。

これが２０１２年の通常国会の施政方針演説になると、「政治行政改革を断行する決意」という文脈の中に「地域主権改革」が置かれた。

これをどう読むか。それは読み過ぎだという見方もあるかもしれないが、政府関係者、あるいは民主党の議員の話を聞くと、野田首相の考える出先機関などの改革は、地域主権という理念を実現するというよりは、むしろ社会保障と税の一体改革を進める上での行政改革の一環であるという位置づけが強くなっているとの見方をする人が多い。つまり、野田首相が「これは絶対やる」と言っているのは、あくまでも野田氏が政権の最大の目標として掲げている一体改革を円滑に進めるための方策であると考えることができる。

出先機関改革の法案の２０１２年の通常国会への提出は予断を許さない。仮に提出できたとしても、成立にこぎ着けるのは至難の業だ。ひとつには、やはり国土交通省をはじめ権限を奪われる側の省庁の抵抗がかなり大きい。包括的監督権がなければ移譲は認めないという態度を鮮明にしていて、これを認めるのかどうかで相当激しい綱引きが予想される。

そして、最大の要因が、何よりも政局の行方が不透明であることだ。社会保障と税の一体改革を実現することができるのか。政権側はこれをしなければ、野田首相は何のために総理大臣になったのかという話になる。恐らく相当な覚悟を持って法案審議に臨む。一方、小沢元代表は、消費税増税には反対だと明言している。６月21日の会期末に向けて政局の行方は予断を許さない。

【質疑・討議】

事務移管について

○「移管しようとしている法律の数」ということですが、これだと「丸ごと」ということではないですよね。事務の仕分けをするということですか。

国分　まずは「丸ごと移管」という原則を確認した上で、実際に地方に移管するものと国が引き続き担当するものを分けようという整理になっています。やはり何からなにまで移管するというわけにはいかず、国が所管する事務はいくつか残ることはあるでしょう。例えば地方環境事務所が所管する31法律のうち27を移管するという。まあ、このぐらいだろうなという相場観はあるのかも知れません。ただ、国交省の地方整備局の場合、半分は国に残すということになると、地方側にしてみれば「それでは結局、出先機関は残ることになって、二重行政が三重行政になってしまう」という懸念を示しています。２月９日のアクション・プラン推進委の会議でも「それはおかしい」と知事側は反発をしていて、今後の調整を見守るという状況になっています。

国分　どういう事務が移譲されるのかというのは、まだ見えてこないのですか。

○　すでにリストが出ていて、地域主権戦略会議のホームページに資料が掲載されています。

国分　地方に任せられないのだったら、本省に引き上げろという選択肢はないのですか。

○　それはあるでしょう。

国分　出先機関を残したまま、一部の事務を関西広域連合などに移すということなら、何だか訳がわからなくなる。だから、それを切り分けるときに、本当にはっきり関係ないやつという整理ができるようになっているのですか。

○　そこがまた綱引きになっているのだと思います。

国分　例えば大きな河川の改修はどうなるのですか。

○　原則として整備局がやっていたことはそのまま新しい機関に引き継ごうということです。丸ごと移管というのは、原則として組織の形態、仕事、人員は変わらないが、それを国交省の管轄におくのか、新しい広域組織の管轄におくのかということです。

国分　では、関西広域連合の下に近畿地方整備局をおくという感じですか。

○　そういうイメージですね。

国分　それでうまく機能するのでしょうか。そこで関西広域連合が監督するといったら、監督が一つ多くなる。それで、関西広域連合は住民自治の組織じゃない間接選挙の組織だから、意思決定もやりにくく訳がわからなくなるだろうし、住民の意向も反映しにくいし、非常に複雑怪奇な組織になるのでは。

国分　そこのところをどう整理するかというところで、せめぎ合いみたいなものになると思います。

○　だから、これは国土交通省も、住民から選挙されない自治体かどうか怪しいところには回せないというのは、権益を守るためかもしれないけど、理屈としては正しいような気もします。道州制で近畿州をつくって、そこにぽんとやるというのはわかるけど。

○　今みたいに関西広域連合ぐらいで、そんなところに渡してうまく動くのかというところなんだ。

国分　そこです。だから、全国一律ではなく、やる気と能力のある地域から先行的にやってみようというのが、閣議決定されたアクション・プランの考え方です。

国交省がこだわる「平時の指揮監督権」

青山　ものすごく大切なことは、国分さんもおっしゃったけど、2月9日のアクション・プラン推進委で、国土交通省が「災害時ではなくて平時でも指揮監督権を入れたい」と主張したことです。一級河川も直轄国道も移譲します。しかし、平常時でも指揮監督権を入れる。つまり自治事務でもなく法定受託事務でもない、第三の概念を入れてくれと言っているのです。これは、丸ごと移管と言っている以上は、それを受けざるを得なくなってくる可能性が大ですよね。しかし、丸ごと移管になることがいいことかどうかという問題は一方ではある。

○　いや、国土交通省は関西広域連合に淀川の管理権から監視権、全部移譲するが、なお監督権を持ちたいという根拠は何ですか。淀川が関東に流れているわけではないから関係ない、俺たちだけでやると言っているわけでしょう。それなのに監督権を持ちたいという理由、根拠は何だろう。

青山　それは国にとっての重要なインフラで、もし淀川があふれてしまって、京阪神という日本の第二の経済圏域が水浸しになったら、日本の国土経済上マイナスだみたいな話になってくる。

○　そこまで言うと、道州制だって成り立たないよね。

青山　そうです。ものすごく問題なのは、自治事務と法定受託事務とに分けて、国の事務を絶滅させたはずですが、それをなしにする。これを認めるかどうかです。

ただ、そこで大事な問題は丸ごと移管かどうかです。そんなことが付いてくるのだったらやめたほうがいい。丸ごと移管だといったら、国分さんが言うように、分権のための出先機関廃止ではなくて、行革のための出先機関廃止だということになる。これを事実として認めると、この先、道州制なるものを設計するときに堂々とまかり通ることになる。私は道州制に対しては懐疑的ですけど、丸ごと移管というのはよく考えたほうがいいですね。国がやらなければいけないというものがやはりあるし……。

○　自衛隊を丸ごと移管するとは言っていないから。

青山　あり得ないですよね。だから、かつて小泉元首相が「地方にできることは地方に」と言いましたよね。そんなことはたくさんありますが、実は地方にできるけど地方がやらないことがあるはずだと思うんですね。例えば一級河川は淀川を見てもわかるように、「いい」と。「これは余計な監督権を付けなくとも、われわれがしっかりやるんだ」と主張できる。しかし、東日本大震災のような大災害の場合、国道45号線みたいな被災地を貫く大幹線の復旧、これは東北地方整備局直轄でやってくださいという主張があるのかもしれない。非常に悩ましいところで、仕事の内容を十分に吟味せずに安易に丸ごとだとか原則だとかということを言っているうちに、その法定受託事務、自治事務の区分けが全部崩壊するんですよ。それでいいんですか。ほとんど分権には無関係になってしまう。重大な問題だと私自身は思っているのです。

○　関西広域連合のほうで丸ごと移管と打ち出したのが、戦略的というか、最初から事務の仕分けから入っていくと必ずできない理由を挙げられて、最初の段階で止まってしまうので、とりあえず丸ごと移管だ、それで方向性が固まった段階で仕分けをやっていけばいいんだということだったと思います。それで、国分さんの話にもあったように、各省が猛反発の様子になってきているわけですね。これは関西の知事とか広域連合の事務局なんかで話していると、やはり分権改革のこの問題は非常にキモの部分に入ってきたことの裏返しでもあるのではないか、お金・人・権限全部移すという話ですから。政府も首相は公選ではないわけですよね。自分たちも公選じゃないのに、広域連合は公選じゃないから、そんなところに移せないという。これは政治家の論理というよりも官僚の論理ですよね。政治家をバカにした官僚の論理で、自分たちの理屈だけで展開している。それだけ危機意識を持っているだろうし、それだけこの問題は難しい問題だということです。

民主党の政治家の人たちも不思議なことに、各省に入っていくと、その途端に各省に取り込まれてしまっている。今、民主党の国会議員が市町村長を、去年の暮れあたりから必死になって回って説得工作をしています。そのときに、「近畿地方整備局がなくなりますよ、環境事務所がなくなりますよ。東日本大震災のようなことが起きたらどうなるんですか」という迫り方をしている。そうすると、平時のときでも道路とかダムとかの問題について心配している市町村長たちは、そちらのほうの言い分にすっと入ってしまって、出先移管を進めると道路もダムも何もつくれなくなってしまう、金が回ってこなくなってしまうということで、今、こういう巻き返しの状況になっているのだと思います。だから、広域連合の知事たちは今、打開策が見通せない、世論喚起に頼らざるを得ない状況になっていると思います。

近畿地方整備局でいうと、年間予算1兆円近くの事業量をこなしていて、国会で一応やっているということにはなっているのでしょうけども、整備局の事業への監視の目は全然働いていない。「なぜ出先を地方に移すのか」という原点に返らないと、これも明らかにA案・B案というような無理難題をふっかけて先送りにしてしまうという案ですね。だから、そういう出先改革ならやめたほうがいいという趣旨のご発言もありましたが、分権を考えていく上では必要なことで、打開策はないのですが、それだけ肝心要のところに問題が差し掛かっているのだから、何とかこれまでの流れを途切れさせないで進めていくことを考えたほうがいいのではないかと思います。

身分移管問題

○　今の問題は大事です。現実には、ブロック・レベルの事業を現在は国家公務員と地方公務員がやっているわけですね。どうも聞くところでは、国に身分がある職員の方は同一の仕事について二重行政はないんだという立場のようです。例えば河川でも任務を分けているのだから、どこにも二重行政はないという説明になる。

結局何が問題かというと、もしも、例えば河川行政が広域連合なり道州的な組織にいくとなると、今の国家公務員の身分をもつ職員らは身分移管になりますね。

少なくとも外から見ていると、県や市町村の職員には身分移管の問題は、ほぼ起きることはないですが、国家公務員身分を持っている人には、自治体職員になるのが是か非か、という問題が突きつけられているようです。実際のところ、国の職員の給与は地方自治体の職員給与よりは悪いと思うけど、身分が国から自治体に移るのはイヤみたいな気持ちもあるのではないでしょうか。その辺り、自治体職員の方々はどう考えられているのでしょう。また、ジャーナリストの方はどう考えられているのでしょう。法律を変えて、身分が一気に変わってしまう、というのはありうる話で、実際には、２０００年の分権改革のときにも、県で働いていた職員が国家公務員として実際に県庁から離れたり、逆に県職員の身分に変わった人もいるわけですが、どう考えたらいいのか、何しろ現場で仕事をする人の士気に関わる問題でもあるので、身分移管の問題についての意見を聞いてみたいのですが。

○　その問題はあると思います。何しろ国家公務員約30万人のうち、３分の２は出先機関の職員です。それが地方に移るとなると、様々な問題が出てくるでしょう。それをどう克服していくかも大きな課題です。

青山　それは、何年か前、自民党麻生政権時代末期、20万人の人間を国家公務員から自治体職員に移してしまうから、そのための共済年金の計算の仕方だとかを研究・検討する組織をつくるということで合意されています。そのことをみんな、わざと見て見ぬふりをしている。ひどい話です。

改めて考えてみよう、何のために出先機関を廃止するのかを

青山　さっきの関西広域連合や近畿整備局の話についていえば、民主党政権の要請は政府のコストを抑えるという色彩が強いということです。しかし、なぜ淀川水系の管理を分権化するかといえば、大阪の人が琵琶湖の上流源の過疎地の町村の人たちと会話するようになり、上の過疎地の町村がしっかり守られていることによって、大阪市民がうまい水を飲めるなどという、上流と下流の対話になることだ。そもそも、河川管理とは、利水・治水だけではないということは既に河川法の改正で明確に言ったはずですよね。環境保全という大きな目的があり、それは都市計画、

土地利用に関わってくるわけで、何も堤防の中だけ国にやってもらえば安心なんて、そんなおかしい話は地域分権の時代にはあり得ない、河川というのはそういう意味を持っていると思います。特に同一県内で完結している河川は有無を言わさず分権のはずなんですよね。

これまで、そういうふうに詰めていたはずなんだけど、民主党の政治家が本当によく考えていなかったと思いますが、原則廃止ということを言って、それまでの議論が何となくパアになってしまった。何のために地方整備局を廃止するのかということですね。たしかに、河川は実は大変難しい。しかし、淀川であれ何であれ、実質的にその水利計算などをしているのは各地方整備局採用の国土交通省職員が担っているので、別にキャリアの人たちが担っているわけではない。そういうブロック単位で採用するなり、ブロックごとに人事交流をすればいいだけの話ではないか。人々にとってこれは何のためにやるのかということを、もう一回考えてもらいたい。というのが私の認識です。

○　一点確認ですが、自民党時代の末期の地方分権改革推進委員会の第二次勧告で出先機関の改革の見直し一覧みたいな形で、権限移譲のリストが出ていましたね。国交省関係の知り合いに以前話を聞いたときには、「政権交代になってしまった。どういう扱いになったのか自分たちもわかりません。ただ、一応閣議決定もされていたはずなので、まだ生きているとは思っているのですが。特に指示がないので指示待ちです」みたいなお話しでした。しかし、もはやあれはチャラになったのですか。

青山　チャラでしょ。チャラです。あれは当時の麻生政権に答申の形で提出したわけで、それを受けたって無視すればいいわけです。政権交代していますからね。ただ、その成果を民主党政権が政権交代だからと、すっかり流してしまっているけれど、よく読めば選択できるところがあるのではないかという気がします。

○　むしろ、ゼロからやるんではなくて、あのときのリストをきちんと生かしていくべきではなかったのではないでしょうか。既存の成果をきちんと生かすという姿勢が必要だった気がします。

市町村に信用されていない都道府県

青山　もう一つは広域連合というやり方を、関西がパイオニアで出てきたので、それはいいことではあるのですが、やはり都道府県の知事および都道府県職員が、市町村の人たちから本当に信頼されていない、あるいは対話をしていない。九州広域行政機構をつくると言ったきり、理念で言っているのはいいことだと思いますが、それを本当に九州の市町村の人たちとどのぐらい膝詰めで、大分の知事なり何なりが真剣にやっているのか。残念ながら中央政府の側からは九州行政機構は口ばかりと言われます。関西は一生懸命だけど。それにしたって、なぜ市町村長ともっと話をしてできないのか。市町村にこうやって反対を煽るのは国土交通省のお家芸で、ここ20年いつもそういうことをやっていますから。それを相変わらずしているというのは、都道府県が信頼されていないのかな。

○　おっしゃるとおりで、市町村長達は知事たちの権限・権力が強くなるだけだと思っているのですよ。別にそういうことではないのですけどね。私も九州広域行政機構の話を議会で何度も取り上げてやってきましたが、結局、各都道府県の思惑が違いますから、いきなり最初から道州制まで一足飛びに行くのはかなり厳しい。地方でやれること、それも効率良くやれるようにするためにどうしたらいいかというところから九州広域行政機構は一番最初にスタートしたと思います。オール九州でやれば、一級河川だろうが何だろうが、もっと効率的にできるだろうという発想がスタートだったと思います。

ただ、今は、国分さんの発表でもあったとおり、完全に市町村が国交省からある意味ではたぶらかされて、国会議員に「(広域行政機構は）反対だ」と言っているわけです。先週、九州選出のある自民党の国会議員のところへ行って話を聞いたら、今、自民党でも九州広域行政機構に反対する会ができて、それで九州選出のそうそうたる国会議員がメンバーとして入って、実は今勉強会をやってきたんだと言ったのです。それで私が「あなたは、道州制も含めて分権を一生懸命やると総選挙でこの前言っていたじゃないか。けしからん」という話をしたら、「いや、そうじゃない。町村会も反対しているし、やはり防災の観点から・・・」という話になってきた。結局何のために分権をしようというのか、自分たちの権限を渡したくない国会議員は全く考えていないですね。

例えば、国交省の九州地方整備局管内のある道路の視察に先日行ってきましたが、立派な道路が大物国会議員の選挙区にできているんです。橋梁だけで150億円ぐらいかけて国交省がつくったそうです。これは九州地方整備局でやっているわけですけど、それを国交省の事務所長さんが「おかげさまで立派な橋と道路が出来ました。」と自慢げにご披露されていました。一緒に視察に行った県の土木部幹部以下、「こんな橋は県でやったら絶対につくらない。この半分の橋をここに架ける。その分の金をよそに持っていく」と。だから、例えばそんな話が、もともと国でやらなくても自治体の身近なところでやれば、もっと知恵を使って効率的にやれるでしょという話から進んでいっているわけで、その点が忘れ去られています。

だから、今の地域主権改革は権限を誰に持たせるかというだけの話で結局ぐちゃぐちゃになっている。こんなものを各省庁に照会なんかしたら反対するに決まっていますよ。できない理由が全部出てくるに決まっている。だから、本当にどの程度の規模で、その機能を持たせるのか。どこでチェックするのかという視点が必要だと思います。

道路をつくるにしても、県会議員が国土交通省の地方整備局に行って要望したって、まともに相手にしてくれません。ところが、国会議員にひと言電話を掛けてもらって行くと、ころっと態度を変える。そういうことで果たしていいのか。

本質論としていったい自治はどこでやるんですか、どこまでやるんですかという話が全くない中で、枠組みの話、丸投げの話をしたりしても、なかなかこれはうまくいかないと思います。ただ、きっかけとしては、広域連合をどう使うかということは、僕はもっと追いかけたほうがいいんじゃないかと思います。

○　公共事業の話は分権の最終目標といっていいぐらいで、その受益と負担がはっきりするから、これは分けたほうがいいということで最初からターゲットとされていました。実は公物の管理、河川・道路は最初から鬼門だったんです。法定受託事務の定義を国の利害に関係するという文言にして変えざるを得なくなったのは、公物の管理について、どうしても国交省が動かないので定義そのものを変えてしまったわけです。

その振り分けの中でも、県がやっている二級河川の管理がなぜ法定受託事務になっているのか。国が直接やっているところは全くないのに法定受託事務になっているわけですよ。ご存じのように、分権委員会の第五次勧告はこの管理をやったのだけど、全く実現できなくなった。最終的には、結局、公物をめぐる人間関係、利害関係を解明して変えていくというふうにやらないと、この問題は難しいのではないかという感じはしています。

○　人間の移管の問題ですが、この国の制度の大きな変更について、役人が己の身分がどうなるかで反対することは本来できないはずだ。会社が合併・吸収されるというときに、俺が冷や飯食らうから合併反対、小さな会社をつぶすな、頑張れと言っても始まらない。トップが、この会社は吸収されてしまうと決めて、それで終わりなんですね。そんなことで文句を言うな、それは経営事項だから、組合員は発言できないと言ったほうが余程いいと思いますよ。

「大災害への対応」と「国の管轄」を結び付けるロジックの問題性

青山　全般的に国交省の道路局は政治志向が強く、河川局というのは国家志向が強い。われわれから見ると、九州でいけば熊本の球磨川水系はほとんど熊本県、ちょっと上流が宮崎県にかかっていますけど、熊本県そのものなんですよね。球磨川水系もいろいろな難しい問題がありましたけど。蒲島知事も何年か前に言われた、あのとおり、河川管理はそういうものですよね。福岡県だって遠賀川は、あれは九州そのもので、筑豊と北九州の地域そのものの文化にも関わるわけです。だけど、遠賀川河川事務所が大きな広告を出して、地域文化がどうだとやっているわけです。それは福岡県庁の仕事だと、何で人々が思わないかな。県庁もやってなかった。

○　一つの県の中で完結するものはそこで終わり、ただ、よそに関係するから国だというのは飛躍で、二つの県の間で話し合ってうまく調整できないときに、国が口を出すだけでいいはずです。川だったら、総合行政で山、森林、川、畑、農地、海と流域全体をしっかり総合管理するのが本来の望ましい姿です。そういう観点でいったら、国土交通省、林野庁で、ばらばらにやっていたらうまくいかない、むしろ県知事のもとでやらせたら合理的だ。ただ、二つの県にまたがる場合には調整してという話だけどね。国全体に流れる川なんてないんだから。

それと、先ほど言われた効率性の観点で、なるべく地元でやったほうが議会の目とか住民の目も届いて無駄なことをやらない。

先ほど、国交省サイドから、地方整備局が国の出先機関だったからこそ、東日本大震災に際して、全国の地方整備局から人員や機材を動員して、迅速に被災地の道路を復旧することができたのであって、地方整備局を自治体に移管したらそうはいかないという主張が出てきているという話がありましたが、その点は、大災害に際しては、国が自治体に命じて人員や機材を出させることができるという法律をつくっておけば、まったく問題ないはずです。実際、消防や警察は地方分権化されていますが、消防に関しては、消防組織法に、消防庁長官は、大震災時には、知事や市町村長に対して、緊急消防援助隊を出動させるよう指示することができるという規定がありますし、警察法には、緊急事態に際しては、警察庁長官が都道府県警察に対して、緊急事態の布告が発せられた地域に警察官を派遣するよう命じることができるという規定があります。同じような、大災害の時には国交大臣が全国の自治体に人員や機材を出すよう命じることができるという法律をつくっておけばいいんですよ。

青山　法律の規定を整備しておくのは大切でしょうが、法律に根拠のある命令がなければ自治体の職員は動かないという想定が、そもそも非現実的です。法的拘束力のない要請であっても、自治体は必要な対応を行うはずです。むしろ問題なのは、大災害への対応ということを足がかりにして、だからこそ平時にも国の管轄下に置いておくことが必要なのだと結び付ける、そのロジックです。

司会　だいぶ時間をオーバーしておりますので、以上で終わらせていただきたいと思います。出先機関改革の話を中心にお話をいただきましたが、理念がそもそもはっきりしないまま非常に危うい案が進んでいる感じがいたしました。国分さん、ありがとうございました。

【研究会報告以後の動き】（国分高史）

２０１２年6月26日、野田佳彦首相が「政治生命をかける」とまで宣言した消費税率引き上げの法案が衆院を通過、8月10日には参院で可決・成立した。２０１２年通常国会は9月8日まで会期が延長されたが、出先機関の地方移管のための法案は、結局、閣議決定・国会提出にはいたらなかった。内閣府は何とか法案をとりまとめたが、閣議決定直前になって民主党と全国市長会などが猛烈に巻き返し、宙に浮いてしまったからだ。

まず、内閣府がつくった法案について説明しよう。

出先機関から広域連合への事務移譲までの流れは以下の通りだ。まず、政府が広域連合への事務移譲の基本方針を閣議決定。それを受けて広域連合は事務の移譲計画をつくり首相の認定を申請する。首相は、移譲される事務が円滑実施されると見込まれるものであれば、その事務を所管する大臣の同意を得た上で、移譲計画を認定することになっている。

法案は、こうした事務の移管についての枠組みを定めており、肝心の移管する事務の中身の多くは後に法令で定めるとしている。つまり、法律が成立しても、どれだけの仕事が実際に移管されるのかは決まらないということだ。

さらに、移管を受ける広域連合の区域が、出先機関の管轄区域を包括するものと明記している。これがこのまま適用されれば、奈良県が加入していない関西広域連合には事務を移管できないことになる。法案では、「相当の合理性が認められるものとして政令で定める区域を除く」とのただし書きがあるが、これが適用される保証はない。

また、移管した事務についても、「その適正な実施を確保するため必要がある場合には」、広域連合の長に対する「国の関与（同意、許可、認可または承認、指示など）」を政令で定めることができるとある。つまり、事務を移管した後でも、後で政令をつくれば政府はいかようにも口出しできるというわけだ。

国交省が移管反対の根拠とした地震や台風など災害時の対応については、政府は広域連合に対し「職員の派遣その他必要な協力を要請することができる。広域連合は事務の遂行に著しい支障がない限り、要請に応じなければならない」とした。

このように、法案の内容は政令次第でどのようにも骨抜きができる政府側に有利な内容になっている。一方で、財政措置については「必要な措置を講じる」とあいまいな書きぶりになっており、「事務量に見合った財源を移管すると具体的に明記すべきだ」との地方側の要請には応えていない。

全体としてみれば、当初の理念からは大幅に後退した法案だといえるだろう。それでも、国交省をはじめとした中央省庁側の猛烈な反発を受けながらも、政府が独占してきた仕事を地方に移す枠組みだけでも法案化したことの意味は大きい。自治体関係者や研究者の間には、政府の関与がかえって強まったり、結果として出先機関が焼け太りするような法案になったりするのなら、むしろこの法案はつぶした方がいいとの意見も出ていた。

だが、法案が示された2012年6月8日のアクション・プラン推進委員会では地方側もこの案を了承し、内閣府は民主党内の手続きを経て同15日に閣議決定するとの段取りを描いていた。

ところが、である。民主党の前原誠司政調会長は、党の地域主権調査会で議論が尽くされていないことを理由に了承手続きを行わなかった。それればかりか、同12日の記者会見では、出先機関改革は認めないと言わんばかりの発言をした。

前原氏は「受け皿がしっかりしていないと、地方整備局をそのまま、権限を移譲するというのはなかなか難しいことだ。地方整備局を広域連合に移譲することは、治水全体に本当に責任もって広域連合がやりきれるのかということも問われる」と述べた。さらに「大規模自然災害が起きたときの府県間の連携は極めて大事。そういう意味で、奈良だけが（関西広域連合に）入っていないのは果たしてどうなのかという問題点がある」と語った。

これは、国交省がアクション・プラン委員会で主張してきた内容そのままである。国交相経験者とはいえ、出先機関の原則廃止の実行を明言してきた野田政権を支える政調会長の発言なのかと、多くの記者が耳を疑った。

前原氏だけではない。市長や町村長たちも法案化が進むにつれ、反対の姿勢を強めた。全国で450人以上の市町村長が参加した「地方を守る会」は、3月に「市町村の意見を十分に聞き、拙速に廃止論を進めないよう要望する」と決議した。会に参加する国定勇人・新潟県三条市長は「災害時に前面に立つのは市町村長。出先機関が廃止されて今よりもスムーズに意思決定ができるのか。はなはだ不安だ」と語った。この会は、地方整備局の地方移管に危機感を覚えた国交省の政務三役経験者が結成にかかわったとされている。

さらに、6月に開かれた全国市長会議も「出先機関改革にあたっては、基礎自治体と十分な協議を行い、その意見を反映させて慎重に対応することが必要不可欠であり、将来に禍根を残すことなく、拙速に進めることのないよう」と決議した。

もともと市町村長は、自公政権時代の地方分権改革推進委員会などで一級河川や直轄国道の管理の都道府県への移管が議論されていたころから、「県の管理では災害時に不安だ」との懸念を示していた。これに東日本大震災が拍車をかけた。

さらに、アクション・プラン推進委での議論が、政府と県知事の主導で進んだことも市町村側の不安と不信をかきたてた。また、普段からの県と市町村の「上下関係」に対する不満もあったようだ。それに国交省が火をつけたと見る関係者もいる。

6月26日、野田首相が「政治生命をかける」といっていた消費税率の引き上げ法案が衆院を通過した。自民、公明との協議が整い、参院でも可決、成立した。さらに、消費増税に反対する理由のひとつに「地域主権改革が実現していない」と主張していた民主党の小沢一郎元代表は離党。野田首相が、出先機関廃止は一体改革を進めるために必要だと考えていたとしたら、もはやその必要はなくなった。

座談会

出先機関改革問題・大阪都問題
「地方分権改革」文脈での位置づけ

阿部昌樹（大阪市立大学教授）
人見　剛（立教大学教授）
大津　浩（成城大学教授）
木佐茂男（九州大学教授）

２０１２年８月８日

木佐　青山さん、国分さんから、自分たちの講演の論点をきちんと議論するために研究者のコメントを入れていただきたいとのお申し出がありましたので、お集まりいただきました。お二方が報告された論点が「出先機関改革」と「大阪都問題」を中心とする相当程度政治動向に関わるもので、95年から始まった地方分権改革という大きな文脈の中でやや突出した形で出てきていますので、その位置づけが要るのではないか。国際的文脈での位置づけもしてみたい。

都道府県制の揺らぎと「分権改革」の流れ

阿部　「支分部局」の問題と「大阪都」の問題は、表面的には全然関係ないようですが、「分権改革」の現在という意味では共通したところをとらえているのではないかという気がしました。
これまでの分権改革は、平成の大合併も含めて、基本的に都道府県と市町村の二層制の枠の中で進められてきました。ところが、支分部局を改革して、その権限を自治体に移管するという話になりますと、その移管の仕方によっては道州制に移る、つまり都道府県制を解体する可能性がでてきます。実際、地方分権改革推進委員会での議論には、若干そういうことを感じさせる部分があります。そうだとしますと、支分部局の改革は、都道府県制の揺らぎ、道州制への移行の可能性をはらんだものであると考えることができます。

それに対して「大阪都」の問題ですが、橋下現大阪市長は「大阪都」は道州制への第一歩だと言っています。なぜ「大阪都」が道州制への第一歩になるのかはいまひとつわからないのですが、橋下市長のイメージとしては、最終的な到達点として道州制があるということです。しかも「大阪都」構想に対抗するかたちで指定都市市長会が「特別自治市」の構想を打ち出していますが、この「特別自治市」構想も、都道府県と市町村の二層制とは違う別の大都市制度を作りたいという主張です。

そうしたことを考えますと、「支分部局」の話も「大阪都」の話も、これまでの改革が都道府県と市町村という二層制の枠の中で進んできたのに対して、その枠組それ自体をも改革の対象と見なしているという点で共通しているのではないか、そして、その点が、現時点での分権改革の一つのトピックになっているのではないかという気がいたします。

21世紀グローバリゼーションのもとでの「分権改革」の流れ

大津　地方自治の国際的な展開過程で現在の分権改革がどういう位置づけにあるのかという関心で見ています。また当然ながら、政治の都合でうまくいかないことがあることにも常に留意したいと思います。まず、世界的あるいは歴史的に見れば、連邦制をとらない場合には、従来われわれが前提としてきた小さな基礎自治体中心の市町村自治体と、それを包括するある程度の適度な規模の広域自治体の二層制で基本的に動くというイメージが伝統的にはあったと思います。

もちろん国によって違います。フランスなどのイメージでいえば、やはり基礎自治体は伝統的に小さな自治体で共同生活を営む。それに対して、広域自治体のほうは、一方で国の地方行政の中心となりながら、片方では基礎自治体をサポートしかつコントロールするという伝統的な役割で成り立ってきた。これが20世紀末のグローバリゼーションの明確化の中で崩れてきている。これにどう対応しなければならないかが、全世界的に模索されていると思います。日本の分権改革もこの模索としてあることは否定できない。その上でどこへ進むのかということと、現在の進み方が適切なのかということの二つが問題だと思います。

私はできるだけケチをつけずに、何らかの新たな可能性を見たいという視点で考えていますが、21世紀のグローバリゼーションのもとでの分権改革の流れを大きく二つの視点で見ています。一つは地域生活をより現代化し合理化しなければいけない。そこにどう対応していくのかという話の中に自治体の規模拡大の問題がどうしても出てきますし、大都市制度をどう作り直すかが問題になっているわけです。

もう一つは、民主主義の深化です。現代的な民主主義の新たな考え方を踏まえて、民主主義をどう深化させていくのかという視点から地方分権改革をとらえることができるのではないか。その意味では、政権を取る前の民主党はいろいろと問題があったにせよ、「地域主権」という言葉を出してきたように、「道州制」を中心とする新自由主義的な流れが非常に強い松下政経塾の影響を受けているというマイナス面と、逆に、国のコントロールを外して自治体が一つの統治体として独立していく、私の観点では立法権等を分有していくという積極的な側面の両方を持って動いていると見ていましたが、結局のところ、政権を取ると、規模の拡大の方向だけになってしまった。現在は、分権改革として本来良い方向に伸びていかなければならないものがどんどん消えていく過程と見ています。

政権を取る前、民主党の一番最初の頃の「民主党改憲案・中間報告（骨子）」の中には「地球市民として新たな日本の課題を設定していく」とか、「民主主義をもっと地域に広げる形で深めていく」というようなユートピア的な議論があったわけです。その流れの中で分権改革を進め、国による自治体に対するコントロールをどんどん外していくことは、やはり立法権を自治体も国と対等に持つという方向に行きますので、そういうプラスの面もあったのではないかという気がいたしました。しかし、民主党の中でいわゆる内部対立が激しくなって、最終的には小沢一派の分離・離脱と官僚依存への傾斜により、もはや当初の彼らのしていた議論は影も形もなくなっている。

「大阪都」制度と分権改革

木佐　橋下現市長が提起した問題は大阪の地盤沈下という経済的政治的問題があって、それの対東京との関係での復権が意識としてはかなりあると思います。内在的には、「府市合わせ（ふしあわせ）」、府と市を合わせると非常に悲惨な状態だという地域的な問題もあったにせよ、やはり日本国内全体の不均等発展についての問題提起的要素はあると思います。しかし、例えば韓国との闘いがどうだ、中国とどうだとか、そんなに出ていないようですね。

阿部　そうでもなくて、橋下市長は、大阪府知事だった期間に、頻繁にアジア諸国に視察に行っています。香港、マカオ、ソウルにも行っています。その経験から、これからの大阪はアジアと向き合わなければやっていけないという認識が強化されたのではないかと思います。大阪の地盤沈下はおっしゃるとおりですが、その大阪の地盤沈下を食い止めるためにどうするかというときに、例えば、関西国際空港とインチョン国際空港を比べますと、現時点では、アジアのハブ空港として機能しているのは明らかにインチョンです。そうした現状を変えて、大阪をソウルや香港との都市間競争に勝てる都市にしなければならないということを、橋下市長は繰り返し述べています。世界に目を向けているかどうかはともかくとして、アジアに目を向けていることは確かです。

木佐　先の研究会で、中国から来られた研究者の方から、いわゆるメガロポリスというか巨大都市づくりが一つは世界的傾向ではないかというお話があり、アジアではそれがかなり顕著だ、中国においてもそうだ。それの法制度的な支援が、地方自治制度という枠の中などの議論として各国ごとに分析してはどうかという話がありました。アジアの中でお互いが競争し合う関係として巨大都市化を目指す法制度がどんどんできつつあるようです。他方で、そうすると取り残される過疎の町や村に対する手当てとかの問題状況はどうだろうか。

関西は関空という空港があるから東京に次ぐ二番手とは言いながら大きなシェアがあるわけですから、確かにアジアに向けた戦略になっているかもしれない。それと、今回出ている「出先機関改革」、大都市制度としての「特別区」の設置とかの問題が橋下氏の頭の中では絡んでいるということですかね。それが外にはあまり見えていない。

阿部　橋下市長の頭の中では、国が果たすべき役割と、地域―というのは道州規模の地域ですが―が果たすべき役割と、都市が果たすべき役割は、ある程度きちんと区分されているのだと思います。そして、その役割分担を実現していくために、橋下市長は最近「グレートリセット」という言葉をよく使っているのですが、まさに現状をグレートリセットして、国の役割は外交とか国防とかに純化させ、インフラ整備のようなことは、支分部局の権限を地域に移管させたうえで、地域で担っていく。そして、都市は都市間競争を勝ち抜いていく。そうした明確な役割分担の下で、都市が稼いで、その稼ぎでもって日本全体を豊かにしていく。おそらく、そのようなビジョンを思い描いているはずです。

木佐　過疎地を捨てるとは言っていないわけですから、そういうニュアンスのものとして受け取るしかないのですが、青山さんも危惧されているように、極端にいえば大都市さえ繁栄すればいいというような発想で、住民自治という言葉も彼は使われていたと思いますが、果たして日本社会隅々への目配りが十分なのかという問題提起もありますね。

今回のお二方の論考を読んでみますと、特に国分さんの報告は、首相の一連の演説の中から「地域主権」という言葉の使われている場所とかタイミングとかを見事に取り上げられて、首相の重要な国政上の発言の中での「地域主権」の言葉の位置づけが変わることで、政府の中に持つ改革の位置づけが低下しているというようなことを一方ではうかがわせるとの分析は、現場で観察されていて、すごいなと正直思っています。

青山さんの報告で、これもやはり現場主義の賜物ですが、立会演説会のときの聴衆の反応と語られている中身との大きなギャップも、とても彼の熱い思いも伝わって、ある種危機感といいますか、緊張感が表われているというところで、こういう座談会を持つ意味もあるだろうと思っています。

「大都市地域特別区設置法（案）」をどう見るか

区長公選制は？

阿部　現在上程されている与野党合意法案は、区については基本的に東京の特別区を想定しているようですから、当然公選の区長と公選の区議会が置かれることになるはずです。

木佐　そこは地方自治法の特別区制を準用して、区長公選制ということですね。今の特別区長の公選制は、区長を知事が任命するという規定を廃止することによって、結果的に区長が公選だということですが、特別区は法的に言うと普通地方公共団体ではない（一条の三）ですね。

阿部　ただ、現在では地方自治法の改正によって特別区は「基礎的な地方公共団体」であるということになっています（二八一条の二第二項）から、当然そのことが前提とされているはずです。

人見　地方自治法で市の規定を基本的には準用するということになっています(二八三条)ので、区長の公選は自治法上は当然で、阿部さんがおっしゃったように、たぶんここで定義なしに「特別区」と使っているのは、地方自治法上の「特別区」そのままだからということでしょう。

大津　七党合意案といわれている法律案は、あくまで大都市を特別区に分割するときの手続を定めた法律で、実際に分割してよいと住民投票で合意が出た後で、どういう案を作るのかについては今回の法律にはないわけです。それぞれの自治体ごとにオーダーメイドで作りましょうということになっていて、住民投票でそれが賛成されたときに、それを政府に持っていって、政府は必要なときに立法措置を図るという制度にすぎないわけです。ですから、現在の地方自治法の東京の都区制をそのまま準用とするという案にまとまれば、そちらのほうでいくわけですし、別の制度を作りましょうとなった場合には、また別の特別法を作る。これはどちらでも対応できる法制度になっているはずです。

ですから大阪都に関していえば、橋下氏などの主張では、中核市並みの自治体の制度とか首長に関しては公選だといっていること等からすれば、地方自治法の準用のほうでいくのか、大阪都特別のオーダーメイドにするのかは別にして、公選制でいくと思います。そうではない制度を作ることも可能な法律だとは思いますが。それが一点です。

二点目は、地方自治法の法制度を準用するならば、当然現状では東京都の都区制と同じですから、特別区も区長は公選になるわけですが、先ほど木佐さんがおっしゃったように、東京都特別区に関しては一度、最初は戦後直後に区長は公選だったものが、区議会の選任制という形に変えられたわけですよね。これに関しては、ご存じのように合憲だという最高裁判決が出ています。その後に特別区は現在、公選制に戻っていますし、地方自治法の改正によって普通地方公共団体だと見なしうる規定も見受けられますが、憲法上の論理からいけば、特別区は憲法上の地方公共団体であるという一致点はないのです。ご存じのように、松本英昭氏はいまだに、東京都特別区は憲法上の地方公共団体ではない、すなわち立法によって首長をまた昔のように公選制ではないものに変えても違憲にはならないという説明をしているわけです。

木佐　それは例えば制度的保障説みたいな、歴史的に形成されたなんていうのを持ち出せば、もし廃止がされれば、違憲論も導けるだろうと思いますけども。

大津　いや、できないと思います。少なくとも、例えば道州制の議論で、現在の都道府県を廃止して道州にまとめたときに、その道州知事をどうするかという話があるわけですよね。これを公選制の知事にすると、あまりに政治的に強大化するので、道州議会の選任にするなどして、有権者が直接選挙で選ぶ場合に生ずる圧倒的なパワーや民主制の正当性を与えないという案がずっとあるわけです。

これが違憲かどうかという話があったときにも、松本英昭氏は最高裁の判例を使って、道州は新しくできる自治体なので、いわゆる地域的共同性のまとまりがない、したがって憲法93条の二元代表制の保障はないといっているぐらいなわけですから、大阪都に関しても、いったん大阪市を解体して特別区に再編してしまえば、少なくとも共同体的なまとまりはないという理屈に立ってしまうわけです。国会が、大阪府特別のオーダーメイドで、そういう区長公選にはしない制度をもし作ってしまったとしても少なくとも、従来の松本英昭氏たちの解釈を使うと違憲だとはいえないと思います。

木佐　使えばという、前提に立てばということですね。

大津　最高裁もそちらの立場に立つと思われます。

木佐　ということは、今、憲法上保障されていると考えられる大阪府下の市町村、それらを集めて人口200万以上、既に大阪市はあるわけでしょうけど、今まで独立だった市町村も新たな大都市制度の中に組み込まれることによって理論的には、基礎自治体としての憲法上の保障を失うことになる可能性もある。

大津　最高裁の判例も揺らいでいるとは思います。市町村合併でいくつかの市町村をまとめて一つの大きな市にしたときに、これが憲法上の地方公共団体ではないかといわれれば、おそらく憲法上の地方公共団体だというと思います。しかし、分割したときの新たな地方公共団体の場合は違うという考え方を暗黙の前提としているように思います。ただ、確かに理屈として成り立っているのかは疑問に思いますけど。

人口規模

木佐　今回は大阪を念頭に置いた大都市制度ということですが、人口２００万人以上というので、いわゆる大阪市を中心とする地域と堺市を中心とする地域と二つ挙がっている。しかも、神奈川県も川崎市と横浜市と二つ挙がっている。それほど巨大なものができるけれども、この法案だけの段階では、まだ神奈川県と大阪府は残るわけですよね。

阿部　もともと橋下市長や維新の会が主張していた「大阪都」構想は、大阪市と堺市に加えて豊中市や吹田市などの隣接市も特別区の区域に含めて、東京23区に匹敵するくらいの人口規模の特別区の区域を作るという構想でした。ところが、堺市長が堺市を解体するような構想には賛同できないという立場を表明したことから、さしあたりは大阪市の区域だけを特別区にするということになったという経緯があります。

木佐　東京だって23も区があるわけですよね。そうすると、現在の大阪市内の区の数を、少し減らして、そこに議会を置く、それが中核市規模になる。そういうイメージで進んではいるのでしょう。

阿部　ええ、現在の大阪市には非常に狭いところに24の行政区があります。各行政区の平均人口は11万人程度です。この行政区をそのまま特別区にしたのでは、中核市並みの権限を与えるには小さすぎる。そこで、地方自治法上の中核市の人口要件が人口30万人以上ですから、24の行政区を七つか八つの特別区に再編して、各区の人口規模を30万人程度にしたうえで、中核市並みの権限を与えようというのが基本的な発想です。

木佐　日本の場合は、政令市の次が中核市という規模であり、その下は特例市まで飛ぶという段階分けがされているのですが、ヨーロッパで、例えばミュンヘンだったら今１４０万しか人口がないところに25区まであります。平均人口10万ぐらいで一つの地域の区議会みたいなものがあって、選挙で選ばれた人たちがちゃんといる。日本はなぜ中核市を基準にしなければいけないのか、私はちょっとわからないのです。２００万ぐらいだったら20万ぐらいで10個にしたっておかしくないわけで、中核市の人口要件がなぜ基準になるのか。それは、事務を下ろすという言葉はよくないにしても、そういう権限配分をも想定しているのか。それとも、何か適当な黄金分割の数字を考えていて、緻密なことはまだ考えていないけれども、とにかく新しい大都市制度に一歩進めばいいということで、政治的野合もあって、今こういう法律案になっている。そんな感じなんでしょうかね。

人見　たぶん、今、大阪市を解体して、住民から遠い大阪府に市の事務を吸収してしまうのだという批判に対する反論として、「いやいや、市は解体するけれども残るのは中核市規模のそれなりに権限がある区だよ、決して府に全部吸収してしまうのではないですよ」というために言っているのではないかと思います。

木佐　しかし、新たな二重行政になりそうな気はしますね。大阪府は残りますね。神奈川県で川崎市と横浜市を取ったら、極端な話、スカスカ状態になると思うのですが、大阪だったら北部のほうはそれなりに東海道線に沿って大きな自治体があるわけで、そうすると大阪府というのはそれなりの規模がまだ残るような気がします。直ちにそれで道州制になって大阪府を廃止するという話にはならないような感じがしています。

阿部　それとともに、道州制に移行した際の基礎自治体の人口規模はどの程度が適正なのかを考えたときに、5万人では少なすぎるのではないか、やはり30万人程度の人口規模が道州制のもとでの基礎自治体としては適正なのではないかという認識が反映されているのかもしれません。

さらに、なぜ中核市並みなのかというと、中核市は保健所を設置することができることが重要なのではないかと思います。橋下市長はもともと、「強い大阪を作るのは広域自治体の役割で、やさしい大阪を作るのは基礎自治体の役割だ」ということを主張していました。対人的な行政サービスの提供は基礎自治体の仕事であるという趣旨です。対人的な行政サービスには、当然保健・衛生に関するサービスも含まれますから、それを担う保健所は基礎自治体が引き受けていくことになるはずです。そうすると、やはり中核市並みの権限ということにならざるを得ないという論理も働いているのではないかという気がします。

木佐　対人的やさしい行政というのは福祉行政だと決めつけるのが私はよくわからないです

ね。福祉行政も権力的な要素のある行政だし、逆に警察も対人的サービスの側面が皆無ではない。それこそスイスだったら結構小さな村にも警察官がいて自治体職員です。そういう一刀両断的なゼロか一かみたいな二進法的発想で考えられるものなのかどうか若干疑問に思うところはあります。

権限集中の一里塚？

大津　いろいろな政治的な思惑で話しているから、一貫して主張しているかも疑問です。現在の大阪都構想がそんなに簡単に道州制に結びつくのかなという感じは覚えます。国際競争の中でどうやって大都市を活性化して生き残るのかと考えていったら、やはり規模の問題は重要だというのが、そういう国際競争至上主義的な人の考え方ですよね。

そこでいけば、やはり自治体の規模を大きく、決定の仕方は集中させてコストを減らしたほうが効率的であると考える発想は当然なわけです。そう考えると、大阪都にしたときに中核市並みの権限を持った特別区を残して、それが公選制の首長を持っているわけですから、大阪都知事に反対するような行政を行う区長が出る可能性があるわけですよね。まさに大阪府と大阪市でケンカしていることが、今度は大阪都知事と大阪特別区長との間のケンカとしては生じてしまうわけです。これは効率的な集中的な行政という点からすると、よろしくないという話になるはずです。

私は、ですから現在の区長公選制や中核市並みの権限を持った特別区をという大阪都構想はやってみてうまくいかない。そこで、もう一回制度変更をして二元代表制も少し変えてみる。それから、権限についても減らしてみる。基本的に大阪の区域を大阪都知事が大阪都の全体の力を使って集中的に行政をやっていくための、今回は一里塚というのですか、いずれ変わるのではないかと思って見ているのです。

阿部　今の話は、「ふしあわせ」という話とも関連するのですが、なぜ大阪市と大阪府が対立するのかというと、同じような事務事業に関して府も市も権限を持っていて、それぞれが別のことをしようとするから、対立が生じてしまうという例が多いように思います。例えば産業振興であれば、府も産業振興をやっていますし、市も産業振興をやっています。そうした場合、両者の齟齬が対立に発展するということになりがちです。それに対して、産業振興は「強い大阪」を作るための行政だから広域自治体の権限であり、基礎自治体は産業振興に関してはまったく権限がないというように明確な権限分割ができれば、それはつまり二重行政を解消するということですが、そうすれば対立はなくなるのではないか。橋下市長あるいは維新の会は、そのように考えているようです。実際にそのようにうまくいくかどうかはわかりませんが。

木佐　現実問題として、府レベルの産業振興と都市内の小さな路地とか商店街での産業振興は全然規模が違います。そうすると、どうしても出先機関ないしブロックのレベルの行政の話とぶつかっているので、そのあたりについても議論を進めたいと思います。

例えば今回、大阪都だけを特別にするという法案ではなくて、対象が10市に及ぶような一般法として想定されている。しかし、条文を読む限り、協議も義務づけだったり努力義務だったり報告だったり意見だったり、抽象的な言葉が書いてあるので、運用的にもほとんど同じになってしまう可能性もありますが、ここから読み取れる具体的な姿は、極論するとほとんどなくて、地方自治法がかちっと決めているような制度は読み取れない。それで、対象となる２００万以上の都市10個は、下手をするとばらばらな法制度になる可能性もあるし、しかし場合によってはその10個の都市圏域については一律のものになる可能性もある。

また、これを作って、一里塚とか一つの過程とおっしゃったかもしれないですが、そんなにころころと大都市制度が変わっていいものか。

その無駄って非常に大きいと思うので、私は基本的に実験をしたら地方自治制度であっても制度化すべきだという考え方を常に持っています、だから、二元代表制はおかしい、小さな村で当てはまらないとか、多元的執行機関制度は人口３００人５００人の村では話がおかしいのだから、実験して変えましょう。日本政府の中でも、しばしば法を逸脱して実験して、うまくいったから法改正に持ってきているということは、実は法務省でも内部でやっているのですね。だから、フリーコミューンが一時期ヨーロッパで流行ったけれども、今回の場合はそういう実験をしてということを言っているわけでもないわけですね。一つの法制度として作ってこれを動かしていく。しかし、大津さんの推測的発言だと、一つの実証実験みたいなところがあって、それで次に行くとおしゃっていたものですから……。

大津　私がなぜそれを言ったかというと、橋下氏自身がそう言っているわけですね。「本当に大阪都にすることが有効ですか」と質問されたときに、「そんなの、自分もわからない。でも、大事なことは何でもダメダメと言うことではなくて、住民が望むならやってみることですよ」という、そこに私は、また変えていくのかなと見たのですけど。

木佐　なるほど、私も、やって変えることはまさに合併のときでもずっと主張していた。「自治体の離婚」はあっていい。だから、コンピューターのプログラムでも戻せるように最初から設計しておいた方がいいという考え方です。しかし、いったん合併したり、特に役所の中で統廃合なんかしますと文書がどこに行くかわからなくて、なくなる文書とか捨てられる文書とかがすごく出てきます。役所の中の事務組織の統廃合であっても、相当慎重な、文書がどこへ行ったかという軌跡をちゃんと残しておいて、何かあったときに次はどれを引き継ぐとか、そういう設計がなければいけないけれども、おそらく今までの日本の地方自治法制度では、こういう後戻りの可能性も含めた柔軟な発想が出たことがあまりない。緻密なものしか出てこなかったから、かつてであれば３３００の自治体が拘束される一種類の地方制度しかなかったから、そこに大きな無理が来ているとは思います。しかし、他方で、こういう抽象的な法案が出てくること自体も、われわれとしては想定範囲がどこまでなのかを多少は考えておいたほうがよくて、橋下氏自身の発言としてもそういうニュアンスはあり得る。これに対して人見さんはどういうふうにお考えになりますか。今回のこういう過度に抽象的な協議事項の多い法案で、「あとは次の政権ができたときの宿題にどうぞ」みたいな感じになってくるような気もします。

人見　まさにこの法律は大津さんがおっしゃったように、市町村を廃止して特別区を設ける手続を定めるほか、都道府県とその区の間の事務分担、税源配分、財政調整については手続を定めるだけで、その中身はオープンにしてあって、実際にやるところで、政府と相談して決める。こういう、もっぱら手続の法律なので、これはそれなりに地方自治で内容を充填することになっています。また、大阪だけをターゲットにした法律ではない。かつ、住民投票にかけると言っていま す。これは前に、青山さんか国分さんが、住民投票にかけてもらわないと困る、かけるとしても大阪府でかけるのではなく、実際に廃止される関係市町村でやってもらわなければ困る、みたいなことを書かれていました。それはまさに実現したということです。実際に市町村が廃止になるかどうかは住民投票で決めるという、本当に手続と枠だけの法律で、これ自体、僕は大阪都構想には賛成しませんけど、制度設計としてはそれなりのものと思います。

阿部　もともと民主党案には住民投票が入っていました。住民投票は不要としていたのは、「みんなの党」が出していた案です。結果的には、世論の動向なども考慮したうえで、やはり住民投票なしでは無理だろうということになったのだろうと思います。

住民投票の扱い

大津　「民主党案」だけではなくて、「自公案」も住民投票を入れていました。民主党はおそらく住民投票は必要だという考えの方が多かったと思いますが、「自公案」になぜ入れたかというと橋下氏がそう言っていたから、あるいは「維新の会」がそう言うからです。

今回の、「民主党案」そのものがおそらく総務省のサポートがかなり入っているだろうという見方を、「維新の会」の顧問の某学者もしていました。今回の各党協議会による「合意案」も、国の関与の部分は少しほかの政党案に譲ってはいますけれども、住民投票その他に関しては基本的には民主党案ですから、要するに総務省もここなら譲るというレベルで作っているものだと思います。

確かに今回の法案は、住民投票を必ず入れるという点で、従来の日本の地方自治に関するシステムに比べれば、ずいぶんましですが、私は二点問題があると思っています。

一点目は、結局、住民投票にかけるのは法律そのものではなくて、特別区に分割するか否かの問題と、新しい特別区を作る協議会でどういう権限にするのか、財政調整するのかに関しては一応アイデアを出すので、それを受け入れるかどうかという問題は確かに住民投票にかけるのですが、問題はその後です。

実際にそれで現在の地方自治法の内容では無理だということになれば地方自治法の改正になるのか、あるいは大阪府のみを対象とするオーダーメイドの特別法を作るのか。そのいずれかになるわけです。おそらく大阪府のみを対象とする場合には、憲法95条の地方特別法になる可能性があるので、もう一回住民投票にかけられることになります。

果たしてそういうオーダーメイドの法律を作るのかどうか。従来の総務省はできるだけ毎回、住民投票にかけるのは煩雑なので避けたいというのが本音ですから、大阪府をオーダーメイドとする新しい特別法を作るときにも、ほかにも適用できるような法律にしてしまう、つまり「大阪」の名前をつけない。そうすることで、ほかにも適用可能ですよと言って、一般法のふりをして憲法95条の地方特別法ではないという形にして住民投票をさせない可能性は非常にあると思います。

実は、この法律にあるように、「必要な措置を政府は講じなければいけない」とか、「総務大臣は講じなければいけない」という言い方しかしていないわけなので、必ず住民投票にかけられた案をそのまま法案化するという義務づけはしていないのです。ですから、都合がいいように修正が加えられる可能性があって、その修正を加えられたものに対しては住民投票にかけないままになってしまう可能性がある。

二点目で、私がさっきからずっと危惧しているのは、二元代表制もあり、そして中核市並みの権限もある大阪の特別区を実際にやってみて、うまくいかない。それで、さらにこれを修正して権限を減らしたり、二元代表制を変えるというときの新しい法律を作るときにも、大阪府のみの地方特別法にするのか。それとも、ほかにも適用できそうなふりをした一般法にしてしまうのではないか。そうすると、これもまた住民投票にかけられないわけです。

そうすると、大阪市を分割するときには住民投票にかけたような形をとりますが、次には、もっと地方自治のレベルの下がるような制度に変えるときに住民投票なしでやってしまう可能性がある。東京都は実際にそれをずっとやっているわけですから、その意味でだまされてはいけないぞと私は思っているわけです。

木佐　それはとても重要なご指摘ですね。まさに憲法論まで加味した視野でものを見ておかないといけない。

関与制度の骨抜きか？　新たな「出先機関改革」

木佐　もう一つの大きな問題である出先機関に触れましょう。せっかく地方自治法大改正で設けられたはずの関与制度が骨抜きにされかねない新たな出先機関改革と、それに伴う法制度整備の動き、言い換えると国土交通省の発想なりが青山さんのご指摘の中でも大きな山になると思います。

「国の出先機関」か「広域連合」か

阿部　もともと地方分権改革推進委員会は「総合出先機関化」という方向を構想していて、国の出先機関を完全に廃止するという意図は、少なくとも表立っては表明されていませんでした。各省の国の出先機関を統合して「地域振興局」といった名称の新たな組織を作り、現在の支分部局の権限の一部はその新設の組織に移したうえで、それ以外は自治体に移管するという話でした。委員会の委員と中央各省の官僚とが議論する中で出てきた落としどころは、支分部局の統合・縮小というレベルの改革だったということです。そこまでは可能であろうということで、第二次勧告で出先機関改革の構想が示されたのだろうと思います。

それに対して、民主党が２００９年に公表したマニュフェストの中で「支分部局の原則廃止」と言ってしまったわけです。この段階で、「支分部局の原則廃止」が実現可能だったのかといいますと、やはりそれは無理であって、地方分権改革推進委員会の提言をすべて実行することが、実際的に可能な最大限の改革だったのではないかという気がします。

人見　今の話の続きですが、民主党が廃止するとして、廃止した後の受け皿は既存の都道府県を想定していたわけでしょうか、それとも「道州制」に持っていくつもりでそういうことを言っていたのですか。

阿部　いや、都道府県でしょ。道州制は２００９年のマニフェストには書いていませんからね。

人見　いや、書いていなくても、心はそちらのほうへ、地域主権型道州制に気持ちがもう……。

阿部　行っていたのですかね、どうですかね、それはわかりません。

大津　関西広域圏とかじゃないのですか。

木佐　広域連合なのかな。

人見　特に大きな河川などは都道府県ではなかなか担いきれない難しいところがある。

木佐　ただ、現実的ではあったと思いますね。今の「国の出先機関」体制では自治体代表が正式に発言権がないわけですけど、総合的な出先機関にして、それが自治体の広域連合にすれば、いってみれば介護保険を今県単位でやっているところもあるけれど、それがもうちょっと大規模になれば一種の財政調整機能も働く可能性もあります。

例えば、かつてのフランスで言えばリージョンが法人格を持たないけど大きな受け皿、ドイツのバイエルンで7個ある県というのも地方自治体ではないけども総合行政機関で、それは半ば自治的なものなので連合組織まである。そういうものとして、まさに広域的な広域連合、県を超えた、そういうものが構想されて、そこにリンクしてできる仕事は全部任せますよというような発想であれば、過渡的には考えられる。しかし単独で残る行政領域もあると思うので、それは国の出先機関という名前で残っていても仕方ないだろう。

どんな国だって、いわば連邦直轄とか中央政府直轄という組織はあります。だから、例えば入管なども、どちらかといえば治安機関ですから、それは外れていても、ある種仕方ない面も、政治的にも仕方ない面もあるだろうという気がしました。

阿部　「支分部局（出先機関）の原則廃止」を打ち出せば、各省から抵抗が出てくるのは必至です。民主党としてもそれは予想していたはずです。予想したうえで、それはクリアできると思ってマニュフェストに掲げたのでしょうが、見込みが甘すぎたのではないかという気がします。

大災害対策は、市町村では本当に無理なのか?

木佐　問題は、青山さんが提起されたように、例えばほとんどの河川は、一つの県で完結している、またがるものがあってもせいぜい二つで、それは源流部が別の県に所属するという程度のものが圧倒的に多い。だから、そこで、国土交通省が大きく関与するような大災害といわれると、やはりそこは震災とか大災害をきっかけにした「焼け太り」という官僚制の病弊のほうが見えてしまう。これが青山報告の非常に重要な部分でもあったのではないかと思います。

これは現時点では少し放置された状態になっているのか。それとも、何か実務的にそういう方向で着々と動いているのか。これの現状ないし進行状況が実はよくわからない。市町村長さんらを動員して出先機関再編問題への反対動員がされているとか、そういう報告はいただいたわけですが、一番直近のところになるとわからない。

特に青山さんの報告の地震・台風などの災害をきっかけとして、市町村長たちが国交省の説得活動を受けて、地方整備局の地方移管には反対をしているというあたりがどうも現時点の状況なのでしょうか。ただ、われわれが考えなければいけないのは、市町村長たちがある種騙されてるみたいに受け止めて、地方整備局の総合的な移管反対を遺憾に思うという言い方で済むことなのか。それとも、本当の大災害は、市町村では無理なのか、今の災害対策基本法では無理だと本当にいえるのかということです。

青山報告自体では、今回の大災害とか、ちょうどリアルタイムに九州の日田とか湯布院とかでも大きな水害が引き続き起きたので、ごっそりやられるような感じで、一市町村ではできないとか孤立するとか、今の法制度で本当にダメなのかとなった。

スイスでは自治体、民間組織、NPOなど雑多なそれらが広域的にいろいろな臨戦態勢を日常的に想定しているんですね。それも、災害の規模を想定しながら、こんなときはこうするとか。スイスだったら金持ち民間人がヘリコプターを持っていて、彼らが非番の日には動けるように、常に出動態勢をとっている。結局、どんなに制度を作ったって、その日に合わせて何が起きたらどの程度のことが動けるかという仕組みを行政的レベルで整備するだけではどうしようもないですね。

発想として、NPOや住民団体、あるいは医師団の協力だとかが日常的に整備されていないと、制度いじりで、ある権限をどこかにまとめて持ってきましただけでは、しょせん動かない。プロフェッショナルな人間関係を知っている専門家がどこかにいないと動かない問題だと思います。ドイツでも、予想もしなかったライン川の氾濫のときにさっとボートも出てきて動くのですね。それが日本だとたぶん日常的に想定していないし、訓練もしていない。おそらくスイスだったら原発災害が起きても、すぐにみんな動く。ヨウ素が各家庭に全部配られていますしね。

その災害対策の基本の「き」がなっていないのに、大きな災害をきっかけにどこが権限を持つかという議論に一足飛びに行くところが、私にはちょっと理解しがたいところがあります。

今は日本国内では統一しているわけです。統一しているのに震災の東北への派遣だってできていないわけで、結局一番実効的だったのは市町村間協定を持っている市町村の支援で、そちらのほうがありがたかったという話もあります。上から一本の命令でドーンと行けるような情報収集体制が今できているかというと、それもできていないのに、権限を失うのは嫌だと言われても、ちょっとどうかなと思う。それならそれで、近畿なら近畿にちゃんと広域連合的な受け皿があって、例えば淀川が氾濫したらどうなるかとか、琵琶湖が溢れたらどうなのかというのは地域で考えてもらう。国から来た官僚ではなくて、そのほうがより効率的だという見方はあるわけです。

　だから、国の自衛隊だから大規模に派遣できるとかもあるかもしれないけど、今回の東北の大震災のときに、きめ細かく本当に必要なところに自衛官が行ったのかということになると、どうなんでしょうね。本来は地域防災計画などもあって、例えば派遣要請があったらそれを調整して派遣するとなるでしょうけど、どちらかというと国で判断してここにこれだけという形で派遣している面が強いのではないか。需要と派遣量とのギャップが起きたのではないかという気がします。

　青山報告の一番強調したかったところが、その国土交通省の権限の焼け太りをリアルに見ていらして、せっかく作った地方制度の関与制度が機能するかどうかわからないけど、それさえも骨抜きにするような発想、行動がとられていることへの大きな問題提起だったわけです。

府県が市町村に信頼されていない？

阿部　青山さんの報告をお聞きし、また原稿を読んでおもしろいと思ったのは、府県が市町村に信頼されていないということです。府県や広域連合に任せたら、いざというときに頼りにならないと市町村が主張しているわけです。もちろん、国交省にたきつけられて言っているという側面はあるでしょうが、もともと府県をあまり信頼していないからこそ、たきつければ乗ってくるのであって、府県がいざというときに頼りにならないという意識を多くの市町村が持っているということは、やはり事実なのだと考えざるを得ません。そして、それに対して府県の側が「そんなことはない」と言い切れていないというところに問題があると思います。

東日本大震災にしろ、九州の大雨にしろ、被災地の市町村にとって、その地域の広域自治体である県はあまり頼りにならず、むしろ遠くの市町村のほうがはるかに頼りになったとしますと、府県の存在意義が改めて問題になってくるだろうと思います。

木佐　それは逆にいうと、実働部隊を県は今持っていないからだという気はします。やはり市町村の方は肉体労働の面があるから普段から慣れていて、きめ細かなことができるのだが、都道府県職員の方はご本人たちの意識も企画指導事務であってかなり多くはデスクワークですよね。だから、災害が起きたときに頼られても、県が提供するものは結局災害関係だと昔でいえば国土庁で、常にそういうところに相談して上から戻ってくるものを伝達するという機能しか防災課にないのですね。だから、期待されてもそれだけのものを与えられない。警察は別で、完全に組織的に県庁の指示下にはないわけですから、お金だってわかってないぐらいに見えないわけです。

だから、県が頼りにならないというのは実際そうなので、国の出先機関も、実力は持っていないわけです。ショベルカーを持っているわけでもないし、土嚢を持っているわけでもない。発注作業ぐらいしかできないのではないか。だから、災害時における緊急のことに必要な、金はともかくとして、人とモノはみんな民間にあるか、国に一元化されているような面がすごく強いと思います。だから、それをブロック単位で広域連合でといわれても、委ねられる部分はそんなにないのではないか。

権限問題と金がどこから来るかがごちゃ混ぜにされている

木佐　青山さんが挙げていた長期的な視野での河川管理、例えば、水に親しむような河川づくりをどうするか、源流を汚さないで川を生かした下流での海産物の復元とか、川を大事にして一つの流域が団結してというときの話は、広域連合とか協議会を作って相当程度できると思います。だけど、災害で岸壁が壊れてしまったとか河岸が壊れたというときの物理的な管理を誰が一番できるのか。おそらく、市町村長さんたちが今国の直轄を言うのは、国直轄だと、例えば九州でも今回のように激甚災害に指定されるとふんだんなお金が来るからではないか。やはり権限の問題と金がどこから来るかがごちゃ混ぜにされている。

これは推測ですが、「激甚災害」になってほしい、雨が降るならそこまでいってほしい、そうすると処理費用が全部か9割か、大きなものが国から来る。そうすると地元の土建屋さんも潤うし、復旧も早い。そういう金の流れの構造と、その最大の支払者が国庫だというところが、国土交通省から言われると、途中の河川管理の責任の問題などもすっ飛んでしまう。いい川づくりができることまで一気に返上という、全部セットにして短絡した発想にうまく誘導されているのではないかという気がします。

いろいろな側面の、河川管理とひと言で言うのだけど、あるいは複数の府県を通過する河川とひと言で言っても、平時の問題とか、大災害時の問題とか、お金の出どころの問題とか、それをきめ細かく議論していないままに一括移譲だとか一括移管だとかいう話になって、そこで全面反対か全面的にやれという議論になっているのかなという気もします。

ただ、しつこく青山さんがおっしゃったように、今回の災害を奇貨として国土交通省が権限とか事務領域とかを広げようとしていることは、なにがしか当ってはいるようですが、その対案、つまり、それがおかしいという理詰めの部分については、人・モノ・金と、平常時と非常時と分けたような議論を、反対するのであれば、少し緻密にしなければいけないのかなと思ってきました。

人見　第一次分権改革のときに国土交通省は、まちづくり、都市計画のあるところは分権になり前向きに積極的に取り組んでくれましたが、やはり道路・河川系のハードなやつはダメなんですね。

木佐　道路・河川は、既存の業者との関係がある。これは市町村道でもそうみたいですね。下水、ガス、電気が地下に入っている場合ですけど、なぜあんなに道路を全部分けてブロックごとに工事業者が違うかというと、指定業者に均等に収入が入るようにちゃんと割り当てなければいけないということがあって、1年間かけてわずか何十坪のところを工事するという計画があるらしい。そういう業者との絡みはあまりオープンにはなっていなくて、競争入札だと言いながら、実際は相当違うようです。まちづくりとか都市計画レベルとは違う実際に大きなお金が流れるところは、分権改革のときもタブーに近かったのかなという気もします。実態がわからないということかもしれない。

阿部　河川管理も道路建設も全部地方に移管し、そのために必要な費用は一括交付金のような形で国から地方に財政移転すべきであるという主張がなされる際には、そのような権限や財源の移譲によって、事業の実施のされ方が大きく変わるはずであるという認識が当然の前提になっているはずです。国が実施している場合と地方に移管した場合とでは、お金の使い方が変わってくるのでしょうか?

木佐　国の機関がやると36億かかる橋だけど県だったら何分の一かで同じ質のものができますというのと同じで、やはり国レベルだと大企業が取るし、それが下請け、孫請け、ひ孫請けと行くから単価が高くなるだろう。

しかし、一方で、私も北海道に行くときに自治体職員と話すと、「地元の人に仕事を取ってほしいのだけど技術力がないから、結局随契でも頼めない」。「みんな地元の業者に落とせ落とせというのだけども、結局企業ランクをつけていくとその技術を持っていないから、市外あるいは道外の業者が指名競争入札の対象者になってしまうし、実質コンペをしてみれば落ちていく」と、地元の業者たちの勉強不足を嘆いていました。

だから、一概に自治体に自治権を下ろさないのがまずいとなかなかいえない面があって、自分たちで能力を高めておれば取れる仕事も結局取られてしまっているということがある。その企画力がダメだから環境破壊をやってしまうので、環境行政は国が持ったほうがいいと、「野鳥の会」などが考えてしまうというのも、そこに一つのコンセプトの問題がありますよね。

阿部　国が直轄で作ると30億円かかる橋が、自治体が作れば10億円でできるが、耐震性に問題があるものができてしまうというように、コストは縮減できるけれども、おそまつなものができてしまうということですか。

木佐　私が申し上げたのは市町村レベルの話です。県レベルで発注する事業はそれなりの大手企業が入るでしょう、それは何十億というレベルです。私が申し上げたのは、町道とか市道とか、そういうレベルの工事さえ、市の職員が求める完成度ぐらいにも達しないレベルなので、そこは金額の大きさ、工事のレベルによっても違うのではないかと思っています。

阿部　それでしたら、支分部局の権限を府県に移管しても問題はないということになりますよね。

複合事務組合でさえ日本人は使い切ることができない

木佐　そうでしょうね。結論は、大きな高速道路はどうかわかりませんが、国道といいながら国が直轄でやっているところはほとんどないわけです。部分部分でいろいろな創意工夫とかは任せて競争原理を働かせる。移管されて大きな市が担当するのだったら、その市ごとにやはり財源も使った財政費用もオープンにして、作られた道路沿いの景観なども含めて、地元民が評価すれば、それはやはり競争原理が働くのではないですかね。「隣の県はこんなふうになっているが、こちらはこうだ」とかね。

今日のテーマでいうと、自治体の法的な枠組を変えないと何もできないというのではなくて、ある程度運用をうまくやれば、さまざまな協定とか協議の手法だとかによって相当違った運用は可能なはずだ。だから、地方自治の問題では広域連合の仕組みなどを使えば、例えばＡＢＣ三つが入っている事業と、ＡＢとＤで入るとか、ＣＢとＦで事業をする。これができるはずが本当は複合事務組合だったわけです。

だけど、その複合事務組合でさえ日本人は使い切ることができない。なぜかというと、事務局の事務方とトップを一番大きい自治体の長が兼ねるものだから、実際本人は充て職で１００役とか80役を持っているわけです。これは、私が見る限り外国ではあり得ない。自分の生身でいける数しか役職を持っていないけども、日本の場合はみんな充て職でいって、本人は建前上責任をとらなければいけないけど、実務は何も知らない。代理が実際は行っていて、その代理もせいぜい2年で交代する。西暦でいうと１９７０年代、一部事務組合から複合事務組合に変えたものの機能していない理由は、そういう運用にあって、複合事務組合の組合長に当るようなものとか、その中の一つ一つの事務の責任者が一番大きな自治体の長である必要は全くないのに、何か大きな自治体の長でないとダメという。これは何ですかね、官僚風土なのだろうか。

独裁者待望　病理的状況が加速

佐木　政治というものが、バックデータとか理論的裏づけのないままに勢いでマニフェストにいくとか、今の一種の独裁者待望だけど、そういう形で問題提起されたテーマだけが独り歩きしていって、本来はもう少し地道に検討されなければいけない住民自治や議会制度の問題とか、二元代表制という言葉で全部を律していいのか、あるいは小規模自治体のあり方、それらが放置されたまま、この政局の中で必ずしも大テーマでなくやれる問題が時間と人とを奪ってしまって、本当に着実に進んでいる過疎化とか高齢化、少子化、いわゆる限界集落の消滅とか、そういうことにきちんと光が当っていない。それは、今の地方自治の問題というよりも国民政治そのものの問題だと思いますが、ちょっと病理的な状況が加速されている、政治家のエネルギーも無駄に使われている。結果的には新聞記者の人たちも追いまくられて、政局報道をすることに大きなエネルギーを取られてしまって、大所高所のところからの考える時間、チャンスが奪われているような気がします。

大津　ヨーロッパは、ほとんど動きませんよ。改革といっても、そんなに改革はしないと思います。それはある意味、自分たちが昔から馴染んできた町の規模や地域生活の規模を変えたくないという意識が強いからですよね。それはバカンス期間も減らしたくないという形で来ています。もっといえば、フランスなんかについていえば、あまり変えようとすると全国でゼネラルストライキが起きて全部止まるので、どうしても変えられないという問題もあります。これはこれで良い面と悪い面と二つあると思います。既存の枠の中で改良を積み重ねる形の地方自治改革になっていくのだろうと思うわけです。ヨーロッパの街そのものが外壁は全然変えないで中だけ変えていくようなものですね。

それに対して、日本だけというよりはアジアとか、あと新興国も含めてですが、そこではもっと強権的に枠組も全部変え、街の様子も全部変えて、急速に国際競争の中で変動していくという動かし方ですよね。そういう動かし方をする、とりわけ東アジアや南アジアといった地域ではそのように思えます。日本はまだ民主主義がそれなりにあるものだから、逆に不完全な形で改革が頓挫しているような感じがしますが、韓国であれ中国であれ、他の国々の多くではもっと強権的に一気に制度を変えて、それで国際競争的にいえば強い大都市自治体を作っているのが現状だと思います。

ヨーロッパの国々も、このグローバルな競争の中で東アジアの国々や大都市が力をつけることに脅威を感じて、このままで大丈夫かと右往左往しているように私には見えます。ただ、それでもやはり従来培ってきた自分たちの考え方、動き方、暮らし方からいって動かない、動けない。日本についていえば、今は、ヨーロッパのように動かないこともできないし、東アジアのほかの国々のように動くこともできないという意味で、マイナス面ばかり見えますが、逆にいえばヨーロッパよりは動ける、東アジアのようには強権的にならないという意味で、プラスとプラスを生かせばもっといいことがやれるのではないかと思っています。

木佐　数次の分権推進委員会や地方制度調査会では必ずしも論じられていなかった問題が、急速に政治課題となり、法制化にまで進むという状況の中で、青山さんと国分さんの課題提起を正面から受け止めた議論になったか懸念は多々残りますが、今後さらにわれわれも研究会で議論を進めていきたい、ということで討論を終えさせていただきます。有り難うございました。

地方自治制度“再編論議”の深層
～ジャーナリストが分析する～

2012年10月5日　初版発行

監　修　　木佐　茂男
著　者　　青山　彰久・国分　高史
発行人　　武内　英晴
発行所　　公人の友社
〒112-0002　東京都文京区小石川５－２６－８
ＴＥＬ ０３－３８１１－５７０１
ＦＡＸ ０３－３８１１－５７９５
Ｅメール info@koujinnotomo.com
http://koujinnotomo.com/
印刷所　　倉敷印刷株式会社